DK TRAVEL

TOP 10
FLORENCIA
Y LA TOSCANA

AF277098

CONTENIDOS

FLORENCIA Y LA TOSCANA

DESCUBRIENDO

El Duomo de Florencia elevándose sobre la ciudad

BIENVENIDO A
FLORENCIA Y LA TOSCANA

La Toscana, con una impresionante arquitectura y arte renacentista, bonitas localidades en las colinas y pintorescos viñedos, es uno de los destinos preferidos de Italia. No te pierdas nada. Disfruta de lo mejor de esta región con la ayuda de la guía Top 10 Florencia y la Toscana.

Esta región con ondulantes campos, extenso litoral y ciudades culturales reúne todos los atractivos de Italia. En su corazón descansa su mejor carta de presentación, Florencia.

Esta ciudad, considerada una de las más bellas de Europa, posee una impresionante cantidad de tesoros, muchos de ellos legado del Renacimiento. Desde las centenarias

El Arno fluyendo a través de Florencia

obras maestras que cuelgan en los Uffizi hasta los fabulosos jardines Boboli, que pertenecieron a los Médicis, las opciones para descubrir su pasado son infinitas. Aunque Florencia también abraza el presente: en ella se encuentran las tiendas insignia de iconos de la moda como Gucci, Pucci y Ferragamo, y elegantes locales y bares con la mejor vida nocturna de la región.

Florencia destaca como uno de los principales lugares de interés de la Toscana, pero es solo una pequeña parte de esta maravillosa región. A un paseo en vespa esperan preciosos pueblos en las colinas, como San Gimignano, y encantadoras ciudades, como Siena, Lucca y Pisa, cuya arquitectura es comparable a la de Florencia. Y si se necesita un descanso entre visita y visita, siempre hay un viñedo cerca donde catar algunos de los mejores vinos de Italia, como el Chianti. Tampoco hay que olvidarse del extraordinario archipiélago toscano, donde se puede disfrutar de unas vacaciones perfectas en islas como Elba.

Esta guía Top 10 reúne lo mejor que Florencia y la Toscana pueden ofrecer, con sencillas listas con las 10 mejores opciones, consejos de expertos y mapas y planos detallados, que hacen del viaje una experiencia extraordinaria.

HISTORIA DE
FLORENCIA Y LA TOSCANA

En sus miles de años de existencia, la Toscana ha vivido de todo. Ha pasado de ser una provincia romana a un ducado Habsburgo y el epicentro del Renacimiento italiano bajo los Médicis, al tiempo que sobrevivía a invasiones, bombardeos e inundaciones. He aquí su historia.

Los etruscos

Aunque existen evidencias de asentamientos más antiguos, los etruscos –de los que tomó nombre la Toscana– fueron la primera civilización importante en la zona. Tras su llegada en el siglo IX a. C., tomaron poco a poco el control de la región, incluida la isla de Elba, y construyeron los asentamientos defensivos de Arezzo, Cortona, Volterra y Fiesole, así como las primeras vías de comunicación.

Todos los caminos conducen a Roma

Los etruscos debieron enfrentarse a conflictos regulares con sus vecinos romanos durante los siglos IV y III a. C. En el año 351 a. C. los romanos acabaron con la resistencia etrusca y conquistaron la Toscana. En el periodo romano se produjeron mejoras en las infraestructuras con la construcción de acueductos y calzadas, se introdujeron nuevas técnicas agrícolas y mineras, y fundaron Florencia, en el año 59 a. C., y Siena, en el año 20 a. C.

Expansión medieval

La caída del Imperio romano en el siglo V d. C. dejó la Toscana indefensa ante tribus germánicas como los godos y los lombardos, que finalmente tomaron el control de la región y acabaron con la autoridad papal en la

Grabado de un asalto romano

Representación de la peste negra en la Florencia del siglo XIV

zona. Para recuperar el territorio, el papa León II solicitó ayuda al rey franco Carlomagno, que expulsó a los lombardos en el año 774. En los siglos posteriores la Toscana se convirtió en un centro de poder en Italia, con edificios religiosos, como la Basilica di San Miniato al Monte, y su fabuloso arte florentino. Las ciudades de Florencia, Siena y Pisa se enriquecieron y lucharon entre sí para conseguir la supremacía en la región. En un principio, Pisa se mostró dominante, pero siglos después fue sustituida por Florencia. En el siglo XIV, Florencia era una de las ciudades más poderosas de Europa, con unos 90.000 habitantes y numerosas iglesias, castillos y mercados. Sin embargo, la llegada de la peste negra en 1348 frenó su prosperidad y acabó con la mitad de la población.

Los poderosos Médicis

La recuperación de la ciudad coincidió con el ascenso de los Médicis, una poderosa familia que alcanzó el poder entre 1434 y 1737, convirtiendo Florencia en una especie de monarquía propia. Ejercieron un control despótico sobre la población y fueron exiliados en dos ocasiones (1494–1512 y 1527–1530). Clemente VII, papa Médicis, devolvió el poder a la dinastía familiar, que comenzó a expandir su poder más allá de Florencia. En 1570, los Médicis se habían anexionado toda la Toscana y el cabeza de familia, Cosme I, había recibido el título de gran duque de la Toscana.

Hitos históricos

Siglo IX a. C.
La antigua civilización etrusca llega a la Toscana y se asienta en la región y las islas de Elba y Populonia.

Siglo III a. C.
Tras varias guerras con los etruscos, los romanos acaban conquistando la región, a la que denominan Tuscia.

1350 d. C.
Se finaliza la construcción de la torre inclinada de Pisa.

1434
La familia Médicis toma el control de Florencia que dura más de 300 años.

1504
Durante el Renacimiento, Miguel Ángel completa su obra más famosa, el *David*.

1786
Como parte de las reformas del Gran Duque, la Toscana se convierte en el primer Estado del mundo en abolir la pena de muerte.

1865–1871
Tras la unificación de Italia, Florencia se convierte brevemente en la capital del país, hasta que Roma toma el relevo.

1919
El conde Camillo Negroni pide un cóctel con ginebra, Campari y vermú e inventa la mezcla que lleva su nombre.

1966
El río Arno se desborda, inunda las calles de Florencia y destruye innumerables libros y obras de arte.

2021
Los Uffizi anuncian el proyecto Uffizi Diffusi, que traslada obras de la galería a museos regionales de la Toscana para evitar la sobrecarga de sus salas.

El Renacimiento florentino

Los Médicis fueron mecenas de las artes y su riqueza impulsó el despertar del Renacimiento en el siglo XV. Florencia se convirtió en un destacado centro de las artes, la filosofía y la ciencia, en el que surgieron figuras como Leonardo da Vinci. El Renacimiento llegó a su fin en el siglo XVII, y la Toscana perdió protagonismo. En 1737, murió sin descendencia el último duque Médicis y la región se entregó a los duques de Lorena, de origen austriaco.

Una Italia unificada

La Toscana fue gobernada por los duques de Lorena hasta 1860, salvo un periodo de control francés en 1801–1815 después de que Napoleón se anexionara la región. Tanto los dirigentes austriacos como los franceses realizaron profundas reformas que mejoraron las condiciones de vida y de trabajo. Al mismo tiempo, la región surgió como destino turístico para los aristócratas que realizaban el Grand Tour de Europa. A pesar de los avances, los gobernantes austriacos fueron perdiendo popularidad a medida que el movimiento nacionalista para la

Retrato de Leopoldo II, gran duque de la Toscana

Edificios junto al Arno bombardeados en la Segunda Guerra Mundial

unificación de Italia crecía. El descontento culminó en el estallido de la segunda guerra de Independencia italiana en 1859. El duque toscano, Leopoldo II, se negó a apoyar a la región del Piamonte en la lucha contra Austria, por lo que fue expulsado de Florencia. Meses después, la Toscana votó unirse al nuevo Estado italiano.

Crecimiento y guerras mundiales

Las décadas posteriores a la unificación fueron turbulentas. Muchas ciudades toscanas sufrieron una espectacular migración, a la que se sumó la destrucción de zonas históricas para alojar a los recién llegados. La región sobrevivió a la Primera Guerra Mundial casi indemne, pero con la llegada del fascismo de Mussolini en 1922, comenzaron dos décadas de represión. La Toscana sufrió intensos bombardeos durante la Segunda Guerra Mundial y, de 1943 a 1944, Florencia estuvo ocupada por los nazis. Al retirarse, el ejército nazi bombardeó los puentes de la ciudad, excepto el Ponte Vecchio.

Florencia y la Toscana hoy

En 1966 la región sufrió unas terribles inundaciones que deterioraron su patrimonio histórico. A pesar de los daños causados por conflictos y desastres naturales, Florencia y la Toscana lograron resurgir como un próspero centro industrial y turístico. En el siglo XXI, el turismo masivo se ha convertido en un verdadero desafío para residentes y negocios locales. Se han tomado medidas para controlar los alquileres y proteger los cascos históricos.

Disfrutando de las vistas de Florencia desde la Piazzale Michelangelo

TOP 10
EXPERIENCIAS

Esta guía ayuda a organizar el viaje perfecto tanto para los que visitan Florencia y la Toscana por primera vez como para los que repiten. Para aprovechar el tiempo al máximo y disfrutar de lo mejor que ofrece esta región, no hay que olvidar incluir estas experiencias a la visita.

1 Subir al Duomo de Florencia
La enorme cúpula de Brunelleschi *(p. 26)* de la catedral de Florencia no pasa desapercibida, pero, además de admirarla desde el exterior, se puede subir por una estrecha escalera. Para unas magníficas vistas hay que subir los 400 escalones del Campanile *(p. 27)*.

2 Admirar obras renacentistas
Florencia, cuna del Renacimiento, alberga infinidad de obras de este periodo; en los Uffizi *(p. 22)* se puede descubrir a Miguel Ángel, Caravaggio y Leonardo. En el Palazzo Pubblico de Siena *(p. 101)* y en el Museo Civico de San Gimignano *(p. 32)* hay tesoros renacentistas.

3 Pasear por un mercado
Resulta muy agradable pasar una tarde en un mercado, comprando productos de temporada, charlando con los vendedores y practicando italiano. No hay que perderse el bullicioso Mercato Centrale de Florencia, ni los de San Miniato, Greve in Chianti y Arezzo.

4 Acercarse al *David*
El *David* de Miguel Ángel, una referencia a David y Goliat, ha sido durante mucho tiempo símbolo de la fuerza de Florencia. La ciudad alberga tres versiones: la original en la Galleria Accademia *(p. 87)*, una réplica a tamaño real en el Palazzo Vecchio y un busto de bronce en la Piazzale Michelangelo *(p. 90)*.

5 Degustar manjares toscanos

La sencilla comida toscana está elaborada con recetas centenarias. Hay que probar el filete a la florentina *(p. 76)* en una *trattoria* o el *lampredotto (p. 76)* en un puesto callejero, y dejar espacio para un *gelato*.

6 Visitar localidades toscanas

La Toscana alberga infinidad de preciosas localidades en las colinas, y el viaje hasta Greve in Chianti *(p. 46)* o San Gimignano *(p. 32)*, entre olivares y cipreses, es uno de los mayores placeres que ofrece la región.

7 Catar vinos toscanos

Algunos de los caldos más interesantes de Italia se producen en viñedos toscanos. Se pueden visitar las bodegas de Chianti *(p. 48)* o probar supertoscanos (elaborados con uvas y métodos no tradicionales) en Bolgheri o la última añada en un bar *(p. 79)*.

8 Ver la torre inclinada de Pisa

La torre inclinada de Pisa *(p. 37)* es un símbolo toscano, y tomarse una fotografía sujetándola es ya una costumbre. Tras las obligatorias instantáneas, se pueden visitar los demás edificios situados en la Piazza dei Miracoli *(p. 34)*.

9 Pedalear por las murallas de Lucca

La antigua ciudad de Lucca *(p. 54)* es un paraíso para ciclistas, con unas murallas medievales intactas y perfectas para pasear. Se puede admirar algunas de sus 100 iglesias mientras se pedalea por el exterior de las murallas.

10 Relajarse en la isla de Elba

El archipiélago toscano consta de siete hermosas islas; la mayor, y la que ofrece tal vez las mejores playas, es Elba *(p. 131)*. Aquí se puede disfrutar de la brisa marina desde un barco, de una caminata por las colinas o del marisco fresco.

ITINERARIOS

Visitar localidades en las colinas, admirar arte, catar vinos y una amplia oferta para comer, beber o disfrutar de las vistas es lo que ofrecen estos itinerarios de 2 días en Florencia y 7 días en la Toscana, que ayudan a aprovechar al máximo la visita.

2 DÍAS EN FLORENCIA

Día 1

Mañana

Estás en la cuna del Renacimiento, así que dedica la jornada a descubrir el legado de la ciudad. Llega temprano a los **Uffizi** (*p. 22*) y sube directamente a la segunda planta para contemplar sus obras más destacadas, como *El nacimiento de Venus* de Botticelli. Después, tómate un café y un aperitivo en el **Bar Perseo** (*caffeperseo.it*) y luego camina hasta el Duomo (*p. 26*). No te limites a fotografiarlo sin más: entra para ver sus increíbles frescos y sube al campanario adyacente para contemplar la ciudad desde lo alto.

A la hora del almuerzo, acude al **Mercato Centrale** (*mercatocentrale.it*) y sube a la planta alta para disfrutar de una *schiacciata* (*p. 76*) en La Schiacciata Firenze.

BEBER

Una forma curiosa de disfrutar de un vino es pedirlo a través de las históricas *buchette del vino* (ventanas del vino), unos pequeños vanos abiertos en los muros de algunos edificios antiguos.

Tarde

De nuevo en ruta, dedica la tarde a Miguel Ángel. Camina hasta la **Galleria dell'Accademia** (*p. 87*) para contemplar su pieza más famosa, el *David* –aunque hay que reservar, siempre hay cola–. Tras admirar la escultura, contempla otras obras menos conocidas de Miguel Ángel en la sala de los Prisioneros. Dirígete hacia el norte hasta la **Antica Trattoria da Tito** (*p. 93*) para tomar una *bistecca alla fiorentina* (*p. 76*). Cierra el día en el cercano **Jazz Club Firenze** (*Via Nuova de' Caccini, 3*).

Día 2

Mañana

Florencia alberga maravillosas iglesias y catedrales y tu día comienza en una de las más famosas. En **Santa Croce** (*p. 88*) se originó el síndrome de Stendhal, una afección psicosomática que provoca mareos ante la exposición a obras de arte bellas, así que prepárate para desmayarte ante los frescos de Giotto en la capilla Peruzzi. Junto a la catedral se halla la Scuola del Cuoio (*p. 91*), una escuela de artesanía en piel; descubre

Terraza del Bar Perseo en la Piazza della Signoria

cómo se trabaja el cuero, echa un vistazo a la tienda y luego dirígete a Brac *(p. 93)* para disfrutar de su comida vegetariana y vegana.

Tarde

Pasea hasta el **Ponte Vecchio** *(p. 88)*, el puente más antiguo de Florencia. Recorre las joyerías que lo flanquean hasta llegar a la orilla sur del río y dedica la tarde a pasear por **Santo Spirito.** En la zona residen muchos artistas, por lo que hay infinidad de estudios y tiendas pintorescas; luego visita otra de las iglesias de la ciudad, la Basilica di Santo Spirito *(p. 58)*. Cuando llegue la hora del aperitivo, dirígete al bar situado en la azotea del Palazzo Gucciardini y justo antes del atardecer, camina hasta la **Piazzale Michelangelo** *(p. 90)*. Desde la escalinata contempla cómo se oculta el sol y luego desciende la colina hasta **Zeb** *(p. 93)* para degustar sus excelentes platos de pasta.

El exquisito interior de la Basilica di Santo Spirito

> 📷 **VISTAS**
> Aunque subir al campanario de Giotto es obligatorio, las mejores vistas del Duomo se consiguen en realidad desde la torre del cercano Palazzo Vecchio *(p. 89)*.

7 DÍAS EN LA TOSCANA

Día 1

Dedica el día a descubrir los principales lugares de interés de **Florencia.** Comienza en la Casa di Dante *(p. 90)*, donde se cree que nació el autor, y luego visita las prestigiosas casas de moda de la ciudad, Gucci *(p. 91)* y Ferragamo *(p. 91)*. Tras el almuerzo, recorre algunas de las iglesias de Florencia: Santa Trinita *(p. 59)* y Santa Maria del Carmine *(p. 59)*. Finaliza la jornada degustando platos toscanos en Alla Vecchia Bettola *(p. 93)*

Preparándose para pedalear por el casco histórico de Lucca

Día 2

Tomando Florencia como base, dedica el resto de la semana a recorrer la región. Comienza en **Lucca** *(p. 54)*, a la que se puede acceder en tren. Esta ciudad es perfecta para la bicicleta, así que alquila una en la Piazza Santa Maria y pedalea por las murallas *(también pueden recorrerse a pie)*. Almuerza en la Piazza Anfiteatro y luego visita el Museo Nazionale Villa Guinigi *(p. 55)*, que alberga restos etruscos y pintura renacentista. Antes de regresar a Florencia, cena en La Buca di Sant'Antonio *(p. 117)*.

VISTAS
Contempla una amplia vista panorámica de Florencia desde la antigua localidad de Fiesole, rodeada de colinas y viñedos.

TRANSPORTE
Hay una línea férrea regional que une Florencia y Pisa y bordea el litoral toscano. A Chianti y Siena no llegan trenes, por lo que es necesario alquilar un coche o una vespa.

Día 3

Desayuna en la Piazza Santa Maria Novella y luego toma el tren a **Pisa** (p. 34). Tu primer destino es la torre inclinada (p. 37); en la Piazza del Duomo, donde se alza la torre, haz la icónica fotografía y visita el Museo dell'Opera del Duomo (p. 35). Para cambiar de escenario recorre el Jardín Botánico de la ciudad, y por último degusta la cocina pisana en la Trattoria Sant'Omobono (p. 117) antes de regresar a Florencia.

Día 4

Toma otro tren hasta la ciudad portuaria de **Livorno** (p. 113) para disfrutar de una mañana junto al mar. Pasea por la Terrazza Mascagni y almuerza en el mercado de Vettovaglie –prueba el Cinque e Cinque (p. 77), la especialidad de Livorno–. Toma de nuevo el tren que lleva en 15 minutos a **Castiglioncello,** una preciosa localidad costera donde puedes pasar una tarde relajada en la playa Baia del Quercetano. Tras regresar a Florencia, cena en Cantinetta Antinori (p. 93).

Día 5

Alquila un coche o toma un autobús a **San Gimignano** (p. 32), una típica localidad en las colinas toscanas. Tras admirar las famosas torres de la ciudad, continúa el viaje hasta **Siena** (p. 42). Disfruta de una copa de vino en Enoteca I Terzi (p. 102) antes de dirigirte al Duomo (p. 38) para contemplar sus increíbles suelos. A continuación, tómate un capuchino en alguno de los cafés que rodean el Palazzo Pubblico (p. 101) y sube a la Torre del Mangia (p. 43), desde la que se consiguen unas vistas impresionantes. Cena pescado fresco en Tre Cristi (p. 105) y regresa a Florencia.

Día 6

Pon rumbo a los famosos viñedos de **Chianti** (p. 46). Empieza con una visita a Castello di Verrazzano (p. 48). Luego almuerza en Dario Cecchini (*dariocecchini. com*), una famosa carnicería de Panzano, y continúa hacia el histórico **Castello di Brolio** (p. 74) –conviene reservar con antelación en ambos sitios–. Tras un día de puro disfrute, descansa en Florencia.

Día 7

Pasa el último día más cerca de la capital, comenzando con una caminata (menos de dos horas) hasta **Fiesole** (p. 95), un asentamiento etrusco en una colina que se alza sobre la ciudad. Recorre el antiguo anfiteatro antes de almorzar en la plaza mayor. Regresa a **Florencia** a pie o en autobús y dedica la tarde a recorrer el Palazzo Pitti (p. 28), antigua residencia de los Médicis, y sus hermosos jardines Boboli. Remata el viaje disfrutando de una noche de ópera en el Teatro Verdi (p. 78).

Recorriendo las panorámicas carreteras de la Toscana

FLORENCIA Y LA TOSCANA

TOP 10

Interior del Duomo de Siena

LO ESENCIAL DE
FLORENCIA Y LA TOSCANA

Florencia y la Toscana cuentan con algunos lugares que no debes perderte. Descubre en las páginas siguientes por qué cada uno de ellos es una visita obligada.

Massa

Bagni di Lucca

Pietrasanta

Viareggio

10 Lucca

Pisa

5

Arno

Pontedera

Ponsacco

Livorno

Cecina

Isola d'Elba

❶ Los Uffizi, Florencia

❷ Duomo, Florencia

❸ Palazzo Pitti, Florencia

❹ San Gimignano

❺ Piazza del Duomo, Pisa

❻ Duomo, Siena

❼ Campo y Palazzo Pubblico, Siena

❽ Chianti

❾ Cortona

❿ Lucca

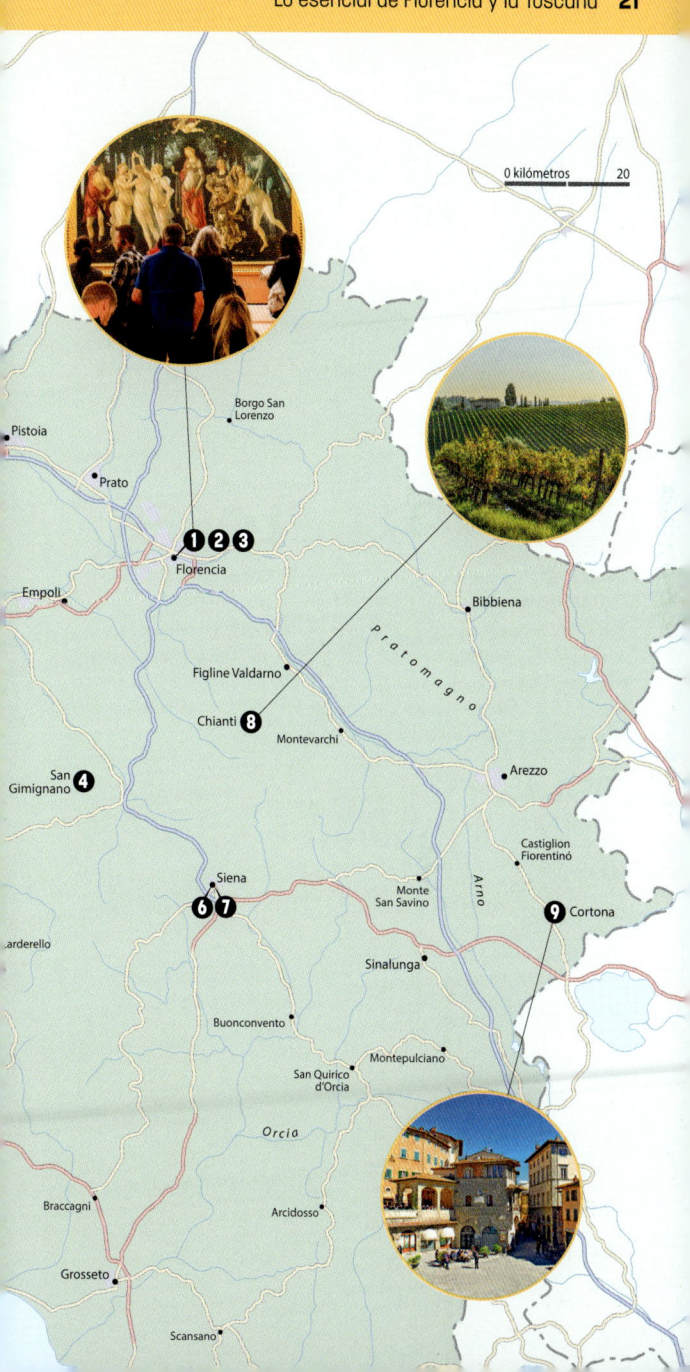

0 kilómetros   20

Pistoia

Prato

Borgo San
Lorenzo

1 **2** **3**
Florencia

Empoli

Figline Valdarno

P r a t o m a g n o

Bibbiena

Chianti **8**

Montevarchi

Arezzo

San
Gimignano **4**

Castiglion
Fiorentino

Siena

A r n o

6 **7**

Monte
San Savino

9 Cortona

...arderello

Sinalunga

Buonconvento

Montepulciano

San Quirico
d'Orcia

O r c i a

Braccagni

Arcidosso

Grosseto

Scansano

LOS UFFIZI, FLORENCIA

⊙ M4/N4 ⌂ Piazzale degli Uffizi 6 (junto a la Piazza della Signoria)
⊙ 8.15-22.00 ma, 8.15-18.30 mi-do ⊗ 1 ene, 25 dic ⊠ uffizi.it

Los Uffizi, tal vez el museo más popular de Italia, ofrece un recorrido por los principales maestros del Renacimiento, con unas 1.700 obras de artistas emblemáticos como Giotto, Botticelli, Leonardo da Vinci y Miguel Ángel. El edificio, originalmente las oficinas (*uffizi*) de los Médicis, fue proyectado por Giorgio Vasari.

1 El nacimiento de Venus

La Venus de Botticelli, (*c*. 1484-1486) representa el paradigma de la belleza renacentista. Con una pose clásica, se cree que el rostro corresponde a Simonetta Vespucci, amante de Pedro de Médicis.

2 Virgen con Niño y dos ángeles

Esta pintura (*c*. 1565) realizada por Filippo Lippi es una de las más admiradas del Renacimiento. La composición fue un modelo para muchos pintores, como Botticelli. El paisaje se inspira en la pintura flamenca.

3 La primavera

Este cuadro de Botticelli (1478), complementario a *El nacimiento de Venus*, está poblado de diosas

Detalle de *El nacimiento de Venus*, de Botticelli

Simbología
◼ Segunda planta

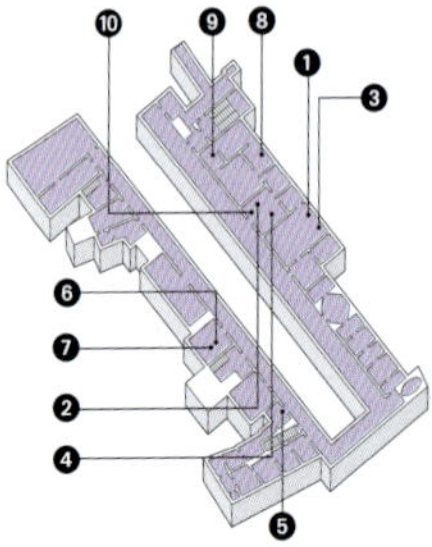

Plano de los Uffizi

y más de 500 especies de plantas. Se desconoce su significado exacto, pero podría ser una alegoría neoplatónica de la primavera, basada en un poema de Poliziano.

Escultura neoclásica en la sala de Níobe

CONSEJO TOP 10

Para evitar colas, es mejor reservar *online* con un pequeño suplemento.

---

4 Federico da Montefeltro y Battista Sforza

La intensidad y el estilo psicológico de Piero della Francesca están presentes en este retrato de sus mecenas, los duques de Urbino.

5 Madonna del Magnificat

Botticelli explora la idea de belleza en esta obra de arte. Los cuadros redondos, como este tondo, solían exhibirse en ambientes profanos y no en iglesias. La elegancia de los gestos y las finas telas retratadas en el cuadro hacen que la escena parezca más cortesana que tradicionalmente religiosa.

6 Virgen del jilguero

Pintada durante el periodo florentino de Rafael (*c.* 1504-1508), esta obra contiene elementos simbólicos del sacrificio de Cristo, evocado por el frágil jilguero.

7 Tondo Doni

Peculiar pintura sobre panel de Miguel Ángel (1504) que denota la influencia de Signorelli, pero sus figuras retorcidas, intensos colores y la pose de los desnudos anuncian el manierismo.

8 La Adoración de los Magos

Este gran trabajo (1423), pintado con témpera sobre madera por Gentile da Fabriano, es una de las obras maestras del gótico internacional, con suntuosos colores en un ambiente de cuento de hadas.

9 La Anunciación

Este panel de 1333 fue pintado para el Duomo de Siena por Simone Martini y Lippo Memmi. La expresión de la Virgen aporta mayor sentido de realidad. La delicadeza y la elegancia de las líneas la convierten en una obra maestra del arte gótico sienés.

10 Batalla de San Romano

Maestro de la perspectiva, Uccello supeditaba a esta técnica sus composiciones. Las lanzas de este tercio de su obra maestra de 1456 (las otras dos partes están en París y Londres) evidencian su uso y el fondo se inclina en un ángulo radical.

GUÍA DEL MUSEO

Las galerías de la planta superior bordean un largo pasillo. Las salas 2-22 ocupan el ala este, la 24 el pasillo sur y las salas 24-42 el ala oeste. Las Sale Blu, Rosse y Gialle (salas Azul, Roja y Amarilla) de la planta baja llevan a la tienda de la entrada. El museo se está ampliando y pueden producirse cambios en la ubicación de las obras, por lo que conviene consultar la página web.

La Anunciación, una obra maestra del gótico

Colecciones de los Uffizi

1. Prerrenacimiento
(Salas 3-7)
La primera sala de los Uffizi une los estilos medieval y prerrenacentista en un trío de *Maestàs:* la bizantina de Cimabue, la de Duccio, de estilo gótico sienés, y la de Giotto. *La Anunciación* de Simone Martini *(p. 23)* es un ejemplo de la elegante Escuela de Siena. Los vivos colores de Gentile da Fabriano y Lorenzo Monaco, con su estilo gótico internacional, de principios del siglo XV, señalan el fin de la Edad Media.

2. Renacimiento temprano
(Salas 8-9)
El realismo de Masaccio y la delicadeza de Fra Angelico tienen sus equivalentes en Paolo Uccello. Los ideales renacentistas van más allá con los precisos estudios anatómicos de los hermanos Pollaiuolo y las suaves líneas del elegante Filippo Lippi, alumno de Masaccio, cuya *Virgen con Niño* y *dos ángeles* se encuentra también aquí *(p. 22)*. Todos ellos conducen hasta el lánguido refinamiento del protegido de Lippi, Botticelli.

3. Botticelli
(Salas 10-14 y 15)
Además de *El nacimiento de Venus* y *La primavera (p. 22)*, se pueden admirar otras obras maestras de Botticelli, como

Sant'Anna Metterza, una hermosa obra de Masaccio ubicada en la sala 7

Palas y el Centauro. Su *Adoración de los Magos,* que contiene un autorretrato (vestido de amarillo, a la derecha), y la *Adoración de los pastores,* de Van der Goes, están en la sala 13, que ahora se llama sala Hugo van der Goes. Esta *Adoración* se puede comparar con las del alumno de Botticelli, Filippino Lippi, y con las del contemporáneo de Botticelli (y maestro de Miguel Ángel), Ghirlandaio.

4. La tribuna
(Sala 16)
La sala de exposiciones original de los Uffizi está decorada con madreperla y *pietre dure* (piedra). Fue construida por Francisco I para exhibir la *Venus de Médici* y otras estatuas clásicas.

5. Leonardo da Vinci
(Salas 27, 29 y 35)
Este conjunto de salas está dedicado a los alumnos más afamados de Verrocchio, incluidos Lorenzo di Credi, Botticini, Perugino (maestro de Rafael) y el propio Leonardo da Vinci. Este pintó el ángel de la izquierda de *El bautismo de Cristo,* de Verrocchio, cuando aún era un aprendiz. La restaurada *Anunciación,* de Leonardo, y su inacabada y caótica *Adoración de los Magos* completan la sala.

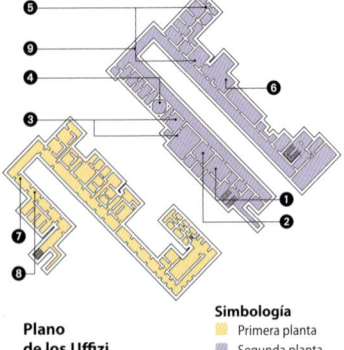

Plano de los Uffizi

Simbología
Primera planta
Segunda planta

6. Renacimiento tardío y manierismo
(Sala 38)

Además de algunos Peruginos, Signorellis y obras de artistas venecianos, la sala 38 marca el comienzo del alto Renacimiento, con el *Tondo Doni* de Miguel Ángel *(p. 23)*. Andrea del Sarto y sus alumnos llevaron los colores y la asimetría de Miguel Ángel hasta el manierismo. También se exhiben aquí composiciones de gran precisión de Rafael.

7. Maestros europeos
(Salas 28–35)

Inauguradas en 2011, las obras expuestas en estas salas (gravemente dañadas por una bomba en 1993) forman parte de la colección de obras extranjeras. En la dedicada a la pintura española de los siglos XVI a XVIII hay significativas obras de Goya y Velázquez. Los retratos de Rembrandt van Rijn y las obras de Rubens se encuentran en la sala 34, mientras que las pinturas del Greco se exhiben en la sala 20.

8. Barroco
(Salas 29–32)

En la colección posrenacentista destacan algunas obras de Caravaggio –un *Sacrificio de Isaac, Medusa y Baco*–.

El último es un ejemplo típico de su realismo, en el que muestra al dios como un hombre normal. Entre las obras de sus discípulos se incluye *Judith decapitando a Holofernes*, de Artemisia Gentileschi, la primera mujer que logró ser miembro de la Accademia delle Arti del Disegno.

9. Obras del corredor en forma de U

Estatuas clásicas –en su mayoría copias romanas de originales griegas– se alinean en el corredor principal de la segunda planta. Las bóvedas del techo están cubiertas de frescos de 1581, con escenas que recrean la historia de Florencia, sus pensadores, gobernantes y artistas. Son famosas las vistas desde el corredor sur.

10. Corredor Vasari

El pasillo de 1 km que une el Palazzo Pitti con el Palazzo Vecchio y pasa por los Uffizi resultó dañado en el atentado terrorista de 1993. En 2016, el corredor fue cerrado al público para renovarlo de acuerdo a las actuales normas de seguridad; se abrió de nuevo a los visitantes en diciembre de 2024.

Las galerías del museo a ambos lados de la Piazzale degli Uffizi

DUOMO, FLORENCIA

📍 M3–N3 🏛 Piazza del Duomo 🕐 Los horarios varían, consultar la página web 📅 1 ene y fiestas religiosas 🌐 duomo.firenze.it 📷📷

Elevándose sobre el corazón de la ciudad, el Duomo y su cúpula de azulejos anaranjados, símbolo más famoso de Florencia, ofrece dos vistas sin igual: una desde el campanario de Giotto, la otra desde lo alto de la cúpula de Brunelleschi. El cercano baptisterio, con sus mosaicos bizantinos y las puertas del Paraíso, resulta igual de atractivo, mientras que el museo del complejo contiene estatuas de artistas de la talla de Miguel Ángel.

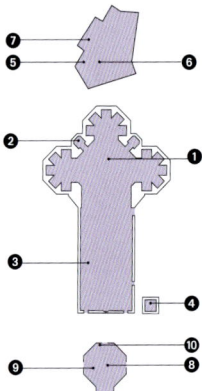

Plano del Duomo

1 Duomo: cúpula

La construcción de la cúpula se resolvió gracias a Brunelleschi, quien diseñó, en 1420, su ingeniosa estructura de doble concha. Pero lo que realmente merece la pena es subir hasta la linterna de mármol, en la cúspide.

2 Duomo: sacristía nueva

Las puertas de bronce y el lucernario de terracota vidriada son del siglo XV, obra de Luca della Robbia. El interior, recubierto de madera, fue refugio de Lorenzo de Médicis tras ser víctima de un intento de asesinato, en 1478.

COMER
Si se siente hambre, en el cercano I Fratellini (*p. 92*), un pequeño y popular local, sirve deliciosos bocadillos y copas de vino.

La espectacular cúpula y el Campanile del Duomo

Mosaicos en el interior del baptisterio

HISTORIA DEL DUOMO

El baptisterio es uno de los edificios más antiguos de Florencia, ya que se estima que data del siglo IV. La catedral no se inició hasta 1294, cuando Arnolfo di Cambio empezó a construir alrededor de la iglesia de Santa Reparata; se terminó casi en su totalidad en 1417. Brunelleschi añadió en 1436 la cúpula, coronada en la década de 1460 por la bola de bronce de Verrocchio.

3 Duomo: *Fresco de Giovanni Acuto*

El maestro de la perspectiva Paolo Uccello pintó este fresco, que simula una estatua ecuestre, en 1436 en memoria de John Hawkwood, un oficial mercenario inglés al servicio de Florencia.

4 Duomo: Campanile

Giotto diseñó únicamente el nivel inferior del *Lirio de Florencia;* Andrea Pisano continuó el trabajo y lo terminó Francesco Talenti. Mide 85 m (414 escalones).

5 Museo dell'Opera del Duomo: Habakkuk

Labrada en mármol blanco de Carrara, esta famosa escultura de Donatello representa a un profeta anónimo, tal vez Habakkuk. Los florentinos apodaron a la estatua *Lo Zuccone* (cabeza de calabaza).

6 Museo dell'Opera del Duomo: parte delantera del altar

Verrocchio, Antonio Pollaiuolo y Michelozzo trabajaron en este gran grupo escultórico, que tardó más de 100 años en terminarse.

7 Museo dell'Opera del Duomo: la *Pietà*, de Miguel Ángel

Miguel Ángel esculpió tres *Pietàs*, la segunda de ellas en 1548-1555. Aunque destruida por el artista al encontrar imperfecciones en el mármol, los Médicis la adquirieron y la repararon.

8 Baptisterio: mosaicos

Los mosaicos decorados del siglo XIII ilustran escenas del Génesis y de las vidas de Jesús, José y san Juan Bautista.

9 Baptisterio: puertas norte

Lorenzo Ghiberti ganó el concurso celebrado en 1401 para la realización de estos 28 paneles de bronce. Pasó 21 años creando esta obra renacentista.

10 Baptisterio: puertas del Paraíso

Los paneles recubiertos de bronce (1425-1452) de Lorenzo Ghiberti ilustran su maestría en los detalles en bajorrelieve. Miguel Ángel quedó tan impresionado que proclamó que "honrarían las puertas del Paraíso", y de ahí su nombre. Los originales se encuentran en el Museo dell'Opera del Duomo.

La *Pietà* de Miguel Ángel en el Museo dell'Opera

PALAZZO PITTI, FLORENCIA

L5 ⊙ Piazza de' Pitti ⊙ Los horarios varían, visitar web ⊙ uffizi.it/palazzo-pitti

La que fuera residencia de la familia de los Médicis es un verdadero tesoro con estancias reales, galerías de arte moderno y colecciones de trajes de época, plata y porcelana. Destaca especialmente la Galleria Palatina, con frescos de Pietro da Cortona, superada solo por los Uffizi; contiene una de las mejores colecciones del mundo de obras de Rafael y Tiziano.

Plano del Palazzo Pitti

⑤ ⑥ ⑨ ② ⑦ ④ ③ ① ⑩

Simbología
- Galleria Palatina
- Palacio
- Jardines

3 Consecuencias de la guerra
Venus trata de detener a Marte, que se va a la guerra, mientras la parca lo anima (p. 31). Rubens lo pintó cuando su país iba a entrar en la guerra de los Treinta Años.

4 Las tres edades del hombre
Aunque no es seguro que Giorgione sea su autor, es una obra alegórica (1500) con un poderoso sentido del color y de la composición (p. 30). Se compara con los frescos *Cuatro edades del hombre* (1637), que Pietro da Cortona pintó en la Sala della Stufa (p. 31).

1 María Magdalena
Este es el primero (1535) de los muchos cuadros que dedicó el veneciano Tiziano a María Magdalena (p. 30).

2 Mujer con velo
Rafael pintó muchos retratos, por lo general de madonas, y varios de los mejores ejemplos están en las colecciones del Palazzo Pitti. Esta, de 1516, es su obra maestra; demuestra además su dominio del color y de la luz (p. 30). La modelo fue probablemente La Fornarina, su amante romana.

5 Jardines Boboli
Jardín renacentista con toques barrocos y rococós. Hay avenidas con cipreses, estatuas ocultas y sonoras fuentes.

6 Patio de Ammannati
La arquitectura manierista era una recreación desmedida de la renacentista.

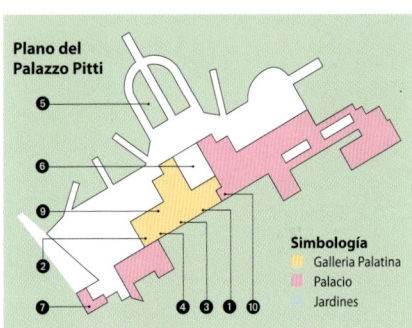

Los jardines Boboli, de estilo italiano

GUÍA DEL MUSEO

Se visita primero la Galleria Palatina, situada en la primera planta junto a las estancias reales. A los jardines Boboli se accede por la esquina derecha de la parte trasera. Las otras colecciones son: Museo de Arte Moderno; Museo de Trajes; Museo de Plata; Museo de Porcelana y Museo de Carruajes.

Bartolomeo Ammannati fue un exponente, con su interpretación exagerada de los órdenes clásicos en este *cortile* (1560-1570).

7 Grotta Grande

Cueva manierista con estalactitas, estatuas de Giambologna y moldes de escayola que Miguel Ángel utilizó para sus *Esclavos*.

8 Maremma Toscana

En la segunda planta (no se ve en el plano), la joya de la colección es esta pintura de 1850 de Giovanni Fattori, el principal representante de la escuela de pintura Macchiaioli del siglo XIX, equivalente toscana del impresionismo francés.

Grotta Grande, con sus muros decorados y esculturas

9 Virgen con Niño

Filippo Lippi situó con gran maestría el mentón de la Virgen en el centro geométrico de este cuadro. Así daba unidad a una composición compleja (*p. 31*), la Virgen con el Niño en primer plano y, al fondo, escenas marianas.

Virgen con Niño, una obra maestra de Lippi

COMPRAR

Se puede adquirir una versión moderna de la mesa de *pietre dure* (piedras incrustadas; *p. 31*) del Palazzo Pitti en Pitti Mosaici, en la Piazza de' Pitti.

10 Sala Verde, estancias reales

La sala mejor conservada de las estancias reales (Appartamenti Reali) contiene lujosos muebles, como un armario de marfil con interior de bronce y piedras semipreciosas. El techo de estuco está decorado con un lienzo de Luca Giordano.

Palazzo Pitti: Galleria Palatina

1. Sala di Giove

Alberga dos de las mejores obras del palacio: *Mujer con velo,* de Rafael, y *Las tres edades del hombre,* de Giorgione *(p. 28).* Otras obras maestras del Renacimiento temprano son: *Madonna del Sacco,* de Perugino, un sutil estudio de las relaciones espaciales, y *San Jerónimo,* obra de Verrocchio o de Piero di Pollaiuolo. Andrea del Sarto pintó *San Juan Bautista* en 1523 en estilo clásico, pero *La Anunciación* (1512) es premanierista. *Lamentación del Cristo muerto,* de Fra Bartolomeo (1512), y *Guidobaldo della Rovere,* de Bronzino (1532), son obras del Renacimiento tardío que anticipan el Barroco.

2. Sala di Saturno

Completo recorrido por la carrera de Rafael, desde la leonardesca *Madonna del Granduca* (1506) hasta su tardía *Visión de Ezequiel* (1518). Aunque el resto de sus *madonnas* y retratos están aquí, la *Maddalena Doni* (1506), inspirada en *La Mona Lisa,* que influyó en la concepción renacentista del retrato, se exhibe en los Uffizi. El maestro de Rafael, Perugino, pintó en 1495 una *Lamentación del Cristo muerto,* de llamativa composición.

Stupor Mundi (1516), de Fra Bartolomeo, y *Anunciación y disputa de la Trinidad* (1517), de Andrea del Sarto, completan la sala.

3. Sala di Apollo

Aquí se contemplan obras de Tiziano: su *María Magdalena (p. 28)* se expone cerca de su *Retrato de un inglés* (1540). Junto a estas obras, la *Pietà* y la *Sagrada Familia,* de Andrea del Sarto (1522), favorecieron la aparición del estilo manierista. La fuerza expresiva de *Conversación sagrada* (1522), de Rosso Fiorentino, se resintió cuando el lienzo fue alargado artificialmente para ajustarlo a un gran marco barroco. El estilo clasicista de Guido Reni (una *Cleopatra* de su última etapa) y Guercino (una *Resurrección de Tabita* de sus primeros años) contribuyeron al desarrollo de la estética barroca.

4. Sala di Venere

Ocupa el centro de esta sala una *Venus* pintada por Canova en sustitución de la original que Napoleón se llevó a París (ahora está en los Uffizi). Por lo demás, Tiziano es la estrella con *El concierto* (1510; Giorgione pudo también haber contribuido a esta

Contemplando las impresionantes obras de la Sala di Apollo

obra), un retrato de *Julio II* (1545) copiado de Rafael y el famoso *Pietro Aretino* (1545). El bucólico *Regreso de los campos de heno,* de Rubens, pasa a menudo desapercibido.

5. Sala dell'Educazione di Giove

Contiene dos obras de especial interés: *Cupido durmiente* (1608), de Caravaggio, un estudio del realismo y del claroscuro, y *Judit decapitando a Holofernes,* de Cristofano Allori. Esta obra tiene un significado oculto: cada cara es un retrato. Judit es la amante del pintor, la anciana que observa lleva el rostro de su madre y la cabeza cortada de Holofernes es el propio Allori.

Venus, Sala di Venere

6. Obras tardías

Algunas de las obras restantes no se pueden comparar a las joyas del museo, aunque sus autores –Tintoretto, Rubens, Botticelli, Pontormo– sean relevantes. Las únicas obras maestras son *Madonna dell'Impannata* (1514), de Rafael, y una *Virgen con Niño* (1450), de Filippo Lippi *(p. 29)*. Se puede comparar la *Sagrada Familia* de Signorelli –que se exhibe en los Uffizi e influyó en la de Miguel Ángel– con la de Beccafumi, una versión manierista inspirada en la de Miguel Ángel.

7. Sala dell'Iliade

Domina la sala el inusual retrato –casi de estilo flamenco– de Rafael de una mujer embarazada, *La Gravida* (1506). De Andrea del Sarto se exponen dos *Asunciones* (1523 y 1526). También está representada Artemisia

Gentileschi, una de las artistas más famosas del Barroco *(p. 25);* en sus obras a menudo retrataba a personajes bíblicos femeninos.

8. Sala di Marte

Sala dominada por Rubens y sus *Consecuencias de la guerra* (1638, *p. 18)* y *Cuatro filósofos* (1612), que incluye un retrato de sí mismo (extremo izquierdo) y de su hermano. Destacan *Retrato de un hombre* (1559), atribuido al Veronés; *Luigi Cornaro* (1560), atribuido a Tintoretto; *Hipólito de Médicis* (1532), de Tiziano, y *Bentivoglio,* de Van Dyck.

9. Galleria delle Statue

Los cuadros de esta sala se exponen de forma provisional, aunque muchos llevan aquí años, como la violenta escena costumbrista de Caravaggio *El sacamuelas* (oficialmente de la colección Uffizi) y un *Cristo resucitado* de la primera época de Rubens. Destaca la espectacular mesa del siglo XIX en *pietre dure,* el arte en piedra típicamente florentino.

10. Sala della Stufa y el baño de Napoleón

La Sala della Stufa conserva los frescos de Pietro da Cortona y el suelo de mayólica de 1640. El cuarto de baño de Napoleón, de estilo imperio, es de lo poco que se conserva en el Palazzo Pitti de su breve reinado.

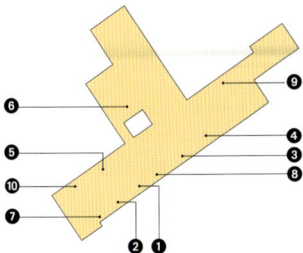

Palazzo Pitti: plano de la Galleria Palatina

SAN GIMIGNANO

⊕ D3 🏛 Piazza del Duomo 1; sangimignano.com

Rodeada de campos de cultivo y viñedos, esta localidad erigida en las colinas, declarada Patrimonio de la Humanidad por la Unesco, conserva como ninguna otra en la Toscana su ambiente medieval. Destacan sus torres medievales, por las que pasó a llamarse San Gimignano delle Belle Torri (San Gimignano de las Bellas Torres). El pueblo posee también una rica colección de arte de los siglos XIV y XV.

Virgen entronizada, Museo Civico

1 Torre Grossa

Desde la torre más alta (54 m) se disfruta de una espectacular vista de las torres circundantes y de los tejados de terracota de la ciudad, todo ello rodeado por colinas.

2 Museo Civico

🌐 sangimignano musei.it ⊿

El mejor museo de San Gimignano está situado en la primera planta del Palazzo Comunale, bajo la majestuosa torre Grossa. Su colección incluye la *Virgen entronizada* (1262) y la *Virgen con los santos Gregorio y Benedictino* (1511), de Pinturicchio; una *Maestà*, de Lippo Memmi, y obras de Filippino Lippi y Benozzo Gozzoli. Los frescos de Memmo di Filippucci del siglo XIV sobre el matrimonio y la noche de bodas resultan sorprendentemente eróticos para la época.

3 Museo della Tortura

🌐 torturemuseum.it ⊿

Una siniestra colección de instrumentos de tortura ocupa la torre della Diavola. Los letreros explicativos señalan cuáles permanecen en uso hoy día en algunos países.

4 Collegiata

La sencilla fachada de esta iglesia *(p. 60)* da paso a un interior cubierto de frescos. Los de la pared derecha son de Lippo Memmi (1333-1341) y los de la izquierda, de Bartolo di Fredi (1367). Taddeo di Bartolo pintó el sangriento *Juicio Final* (1410) de la nave y Benozzo Gozzoli, el

La pintoresca localidad de San Gimignano

CONSEJO TOP 10

La oficina de turismo vende entradas combinadas para todos los monumentos y museos.

San Sebastián (1464) del muro de la entrada. Los fascinantes frescos de Ghirlandaio (1475), en la capilla de Santa Fina, son el orgullo de la ciudad.

5 Fachada de San Francesco

La fachada románica de una iglesia destruida permanece encajada entre construcciones medievales posteriores. Tras ella, una cantina típica sirve vinos de la tierra; más allá hay una agradable terraza con buenas vistas de la campiña.

Descansando en la Piazza della Cisterna

6 Sant'Agostino

Esta pequeña iglesia posee un retablo (1483) de Piero di Pollaiuolo y, en el ábside, unos curiosos frescos (1465) de Gozzoli inspirados en la vida de san Agustín. Benedetto da Maiano esculpió la tumba de San Bartolo (1488) en la pared oriental.

7 Museo d'Arte Sacra

🕐 Los horarios varían, consultar la página web 🌐 duomo sangimignano.it 🔗

Este modesto museo de arte litúrgico se encuentra en una pequeña plaza a la izquierda de la Collegiata. Destacan en su colección la *Virgen y el Niño*, de Bartolo di Fredi, y corales iluminados del siglo XIV.

8 Museo Archeologico

🌐 sangimignano musei.it 🔗

La colección de objetos etruscos incluye una urna funeraria decorada con una efigie del fallecido, que ofrece una moneda como pago por su entrada a la vida eterna.

9 Rocca

Unas románticas ruinas donde crecen olivos e higueras es todo lo que queda de esta fortaleza del siglo XIV. Desde lo alto de sus murallas se disfruta de una vista perfecta de las torres de la ciudad.

10 Piazza della Cisterna

En esta plaza triangular, rodeada por torres y con un pozo de piedra de 1237 en el centro, se han rodado escenas de películas como *Donde los ángeles no se aventuran* o *Té con Mussolini*.

PIAZZA DEL DUOMO, PISA

📍 C3 ℹ️ Piazza del Duomo 7; turismo.pisa.it

Esta plaza, declarada Patrimonio de la Humanidad por la Unesco, es una de las más bellas de Italia. En ella se alzan, rodeados de césped, el Duomo, en estilo románico pisano, el camposanto, el baptisterio y la torre inclinada. En el extremo oriental del recinto se encuentra el antiguo palacio arzobispal, hoy el Museo del Duomo, al sur se alinean las tiendas de regalos, y entre ambos está el Museo delle Sinopie.

1 Torre inclinada

La construcción de este campanario románico-pisano se inició en 1173. La torre empezó a inclinarse antes de que se terminara el tercer piso. En 1990 se detectó una desviación de 4,5 m y se cerró para corregirla. En 2008 se anunció que se había estabilizado.

2 Puerta de San Ranieri

Bonanno Pisano esculpió en 1180 la única puerta románica de bronce de la catedral de Pisa que se conserva. La decoró con escenas bíblicas y palmeras. La puerta original está en el Museo dell'Opera.

3 Púlpito del Duomo

Giovanni, hijo de Niccola Pisano, lo esculpió en 1302-1311. El naturalismo gótico de sus escenas del Nuevo Testamento denota una muy probable influencia de Giotto, su contemporáneo en Padua.

Desde la derecha, en sentido a las agujas del reloj **Fresco pintado por Buffalmacco; púlpito del Duomo con tallas de Giovanni Pisano; puerta de San Ranieri; Museo dell'Opera del Duomo**

4 Fachada del Duomo

Ejemplo de arcos ciegos, soportales y ornamentos de mármol. Giambologna fundió las puertas de bronce para sustituir las destruidas por un incendio en 1595.

5 Museo delle Sinopie

Los restauradores han encontrado bocetos de los frescos perdidos del camposanto, que ayudan a comprender el proceso creativo de estos artistas.

6 Museo dell'Opera del Duomo

La amplia colección de este museo incluye un hipogrifo (mitad caballo, mitad grifo) islámico de

La famosa torre inclinada de Pisa y el camposanto

bronce, obtenido en las cruzadas, que antiguamente coronaba la cúpula de la catedral.

7 Baptisterio

El baptisterio mayor de Italia comenzó siendo de estilo románico (1153), pero la cúpula es gótica. El interior tiene una acústica perfecta y alberga un púlpito gótico de Nicola Pisano.

8 Púlpito del baptisterio

La obra maestra (1255-1260) de Nicola Pisano representa varias escenas inspiradas en los antiguos relieves paganos de los sarcófagos del camposanto.

9 Camposanto

Este antiguo cementerio estuvo en otro tiempo decorado con frescos que rivalizaban

con los de la capilla Sixtina. Aunque la mayor parte fue destruida durante la Segunda Guerra Mundial, se conservan fragmentos en una sala.

10 Fresco de *El triunfo de la muerte*

El fresco de Buffalmacco es el mejor conservado de los que sobrevivieron a la Segunda Guerra Mundial. Su escena de la Muerte en un paisaje apocalíptico inspiró a Liszt su *Danza de la Muerte*.

CONSEJO TOP 10

El precio de las entradas varía dependiendo de cuántos lugares se quiera visitar.

Otros lugares de interés en Pisa

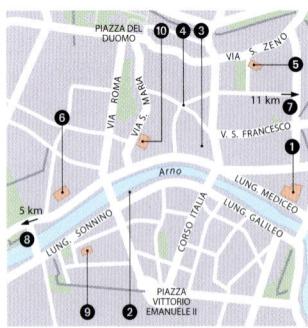

además de la *Apoteosis de santo Tomás de Aquino* (1350), de Francesco Triani.

6. Le Navi Antiche di Pisa

En 1998, durante unas obras en la estación de San Rossore (antigua zona del puerto, antes de que el Arno se desviara) se descubrieron 30 naves romanas del año 100 a. C. al 400 d. C. que se supone que naufragaron debido a tormentas o riadas. Los resultados de las excavaciones se exponen en el Medici Arsenale, y en un futuro, los barcos.

7. Certosa di Calci

Este monasterio cartujo de 1366, a 12 km al este de Pisa, tiene diversas capillas y claustros barrocos decorados con frescos.

8. Tenuta di San Rossore

Reserva de vida salvaje, con jabalíes, ciervos y aves acuáticas. El cadáver del poeta Shelley fue arrastrado hasta la orilla en este lugar tras morir en un naufragio en el golfo de La Spezia.

9. San Paolo a Ripa d'Arno

Esta iglesia (805) cuenta con una fachada del siglo XIII y la capilla románica de Santa Ágata en su jardín trasero.

10. San Nicola

La escalera del campanario de esta iglesia inspiró a Donato Bramante su escalinata del Vaticano.

1. Museo San Matteo

Este museo alberga una colección, a menudo poco apreciada, de cruces del siglo XIII e importantes obras como *Virgen y Niño con santos* (1321), de Simone Martini; la *Madonna del Latte*, de Pisano, y el busto de San Rossore, de Donatello.

2. Santa Maria della Spina

Joya de la arquitectura gótica construida en 1230-1323 por Nino y Giovanni Pisano para albergar una espina que se suponía que procedía de la corona de Cristo.

3. Mercado de la Piazza Vettovaglie

Esta atractiva plaza porticada se encuentra en el centro del alegre y colorido mercado al aire libre de Pisa.

4. Piazza dei Cavalieri

El que probablemente fuera el emplazamiento del foro está rodeado por la fachada del Palazzo dei Cavalieri (1562), de Giorgio Vasari, la iglesia barroca de Santo Stefano y el Palazzo dell'Orologio.

5. Santa Caterina

La fachada gótica de 1330 esconde la escultura *La Anunciación* de Nino Pisano y su tumba de Simone Saltarelli (1342),

**Detalle, mosaico de
Santa Caterina**

LA TORRE INCLINADA

Minuciosas tallas en la torre inclinada de Pisa

Este destacado símbolo italiano llegó a sufrir una desviación lateral de 4,5 m. El problema son sus 55 m construidos en mármol sobre suelo de aluvión arenoso. La inclinación se hizo evidente poco después de que empezara a levantarse, en 1173. Se detuvieron las obras hasta 1275, cuando se decidió corregir la inclinación en los pisos superiores. En 1990, con más de un millón de turistas visitándola anualmente, el colapso parecía inminente. La torre se cerró y se colocaron gruesas correas de sujeción a su alrededor; en uno de sus lados se apilaron pesas de plomo y se excavó su base para tratar de enmendar la inclinación. A finales de 2001 volvió a abrirse. El número de visitantes está restringido y las entradas se venden para horas determinadas. Los ingenieros y expertos aseguraron en 2008 que la torre permanecerá estable durante al menos otros 200 años.

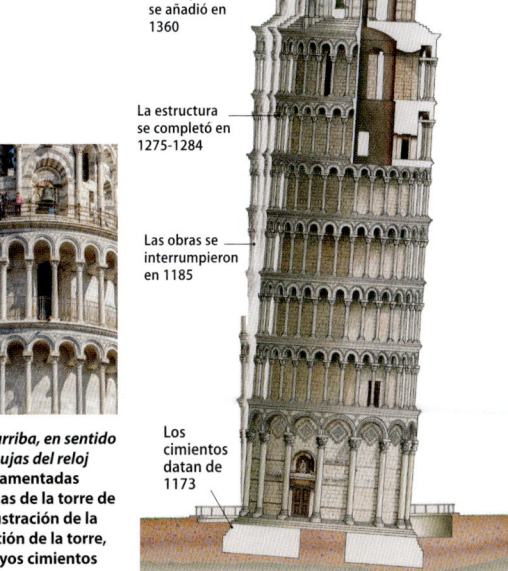

El campanario se añadió en 1360

La estructura se completó en 1275-1284

Las obras se interrumpieron en 1185

Los cimientos datan de 1173

Desde arriba, en sentido a las agujas del reloj **Las ornamentadas columnas de la torre de Pisa; ilustración de la inclinación de la torre, bajo cuyos cimientos se colocaron sensores para detectar cualquier movimiento**

DUOMO, SIENA

🔲 E4 🏠 Piazza del Duomo 8 🕐 Ene-oct: 10.00-19.00 diario; nov-dic: 10.30-17.30 diario 🌐 operaduomo.siena.it ♿

La enorme catedral de Siena reúne esculturas de estilo gótico tardío, pinturas del Renacimiento temprano y de diseño barroco. Aunque los primeros arquitectos decoraron el edificio al estilo románico, se trata de uno de los mejores ejemplos de gótico puro que existen en Italia.

1 Fachada

Giovanni Pisano diseñó la fachada en 1285. Las estatuas originales (sustituidas por copias) están en el Museo dell'Opera Metropolitana. Los mosaicos de la mitad superior son obra de artesanos venecianos del siglo XIX.

2 Púlpito de Pisano

El hijo de Nicola Pisano, Giovanni, y su alumno Arnolfo di Cambio le ayudaron en la creación de este magnífico conjunto gótico. Es similar a los púlpitos de Pisano de Pisa y Pistoia.

3 Altar Piccolomini

El altar en mármol de 1480 de Andrea Bregno presenta una *Virgen con Niño* (1397-1400), obra de Jacopo della Quercia, y cuatro pequeñas estatuas de santos (1501-1504) de Miguel Ángel.

4 Biblioteca Piccolomini

Se construyó para custodiar manuscritos propiedad del papa Pío II, nacido en el seno de la familia Piccolomini. Su vida se recuerda en los magníficos frescos de Pinturicchio de entre 1502 y 1507.

COMER
Il Magnifico (ilmagnifico.siena.it) elabora dulces típicos de Siena desde hace tres generaciones. Ideal para tomar un tentempié después de visitar el Duomo.

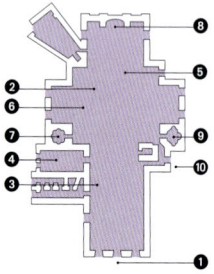

Plano del Duomo de Siena

5 Coro

La sillería del coro es obra de varios maestros artesanos (1362-1570). El altar de mármol es de Baldassare Peruzzi (1532); los candelabros (c. 1488), de Francesco di Giorgio Martini, y el fresco de *La Ascensión* (1548-1551) del ábside, de Beccafumi.

6 Paneles del suelo

Los 59 exquisitos paneles de mármol se muestran a principios de otoño, aunque otros pueden verse todo el año. Fueron realizados entre 1372 y 1547 por los principales artistas de Siena, entre ellos Pinturicchio y Matteo di Giovanni,

Frescos e imagen de san Juan Bautista

La impresionante fachada gótica de la catedral de Siena

cuya *Masacre de los inocentes* es una obra maestra.

7 Capilla de San Giovanni

La capilla bautismal renacentista (1492) de Giovanni di Stefano está decorada con frescos de Pinturicchio y un *San Juan Bautista* de bronce (1457) de Donatello.

8 Vidriera policromada de Duccio

La primera vidriera policromada (1288) de Italia forma parte del lucernario del ábside. Fue diseñada por Duccio di Buoninsegna. En la década de 1990 se retiró para su limpieza. El original se encuentra actualmente en el museo de la catedral, el Museo dell'Opera Metropolitana.

9 Capilla Chigi

El maestro barroco Gian Lorenzo Bernini diseñó esta capilla en 1659. La *Madonna del Volto*, del siglo XIII, que preside el altar, es la patrona de Siena; en tiempos de crisis, incluida la ocupación nazi, las autoridades solían colocar a sus pies las llaves de la ciudad para que la librara de todo peligro.

10 Campanile

La torre se añadió en 1313, pero el diseño es románico, con pronunciadas estrías en blanco y negro.

HISTORIA DEL DUOMO

El Duomo fue construido en su mayor parte entre 1215 y 1263 por Nicola Pisano, entre otros. Su hijo Giovanni diseñó la fachada. En 1339 se empezó a construir otra gran nave, con la intención de convertir lo que hoy es el Duomo en el transepto de la mayor iglesia de la cristiandad. En 1348 la peste frustró estos planes, y la fachada pasó a ser una terraza panorámica, mientras que la nave alberga ahora el museo de la catedral.

Lugares de interés en la Piazza del Duomo

Virgen y Niño de Donatello

1. Museo dell'Opera Metropolitana: *Maestà de Duccio*

Destacada obra maestra de la pintura gótica sienesa. Cuando Duccio la terminó, en 1311, los sieneses la llevaron en procesión hasta el altar del Duomo.

Museo dell'Opera Metropolitana: *Virgen y Niño*

Es el mejor ejemplo del *schiacciato* de Donatello, que combinaba un fondo en perspectiva con altorrelieves, para crear así un efecto de profundidad en una superficie prácticamente plana.

3. Museo dell'Opera Metropolitana: panorama desde la fachada

El museo ocupa lo que habría sido la nave del proyecto de ampliación *(p. 39)*. Desde lo alto se disfruta de espléndidas vistas.

4. Museo dell'Opera Metropolitana: *Nacimiento de la Virgen*

Pietro Lorenzetti pintó esta colorista y detallada obra gótica sobre la estructura de arcos existente para simular unas bóvedas y aumentar la sensación de profundidad.

5. Santa Maria della Scala: Pellegrinaio

Esta sala de la antigua ala del hospital alberga pinturas de Domenico di Bartolo, con escenas de monjes atendiendo a los enfermos.

6. Santa Maria della Scala: Museo Archeologico

Esta pequeña pero interesante colección incluye vasijas griegas procedentes del sur de Italia, bronces etruscos, urnas de alabastro y monedas romanas.

7. Santa Maria della Scala: Fonte Gaia

Los restos de las esculturas originales de la Fonte Gaia (1409-1419) de Jacopo della Quercia se han trasladado a su propia galería en el Campo *(p. 42)*.

8. Baptisterio: frescos del techo

Al levantar la vista se disfruta de los frescos de Vecchietta (década de 1440); se observan detalles curiosos, como el monstruoso cocodrilo.

9. Baptisterio: fuente

Los paneles en bronce de la *Vida de san Juan Bautista* (1417-1430) hechizaron a escultores florentinos y sieneses de la talla de Donatello y Ghiberti.

10. Duomo: cripta

La cámara cubierta de frescos bajo el suelo de la catedral se descubrió en el año 2000. Se desconoce quién la pintó, pero todo data del siglo XIII.

MILAGROS Y RELIQUIAS

La historia de esta tierra de santos y reliquias está plagada de incontables milagros. Cuando el Cristo crucificado de la iglesia de Santa Trinità, en Florencia, inclinó la cabeza en 1028 ante el noble Giovanni Gualberto, este se convirtió en monje y fundó la orden monástica de Vallbrosa. Los poderes milagrosos de los paneles de la Virgen en un molino de Florencia y la prisión de Prato provocaron la transformación de ambos edificios en las iglesias de Orsanmichele y Santa Maria delle Carceri. Cuando el cruzado que llevó a Prato el cíngulo de la Virgen lo ocultó egoístamente bajo su colchón, unos ángeles levantaron su cama, tomaron la reliquia y se la llevaron al obispo. En San Galgano se exhibe una espada clavada en una roca por un soldado después de que se le apareciera san Miguel y le ordenara dejar las armas y hacerse ermitaño. En 1730 fueron robadas 351 hostias consagradas de la basílica de San Francisco, que se recuperaron tres días después gracias a la intervención de la divina providencia; 223 de ellas han permanecido milagrosamente intactas durante casi 300 años.

El viaje en barco del cíngulo que, supuestamente, vistió la Virgen

CAMPO Y PALAZZO PUBBLICO, SIENA

📍 E4 🎫 Piazza del Campo 7; visitsienaofficial.it

La Piazza del Campo, conocida como Il Campo, es una de las plazas más bellas de Europa, a la que acuden los sieneses para pasear y charlar. Ha sido el centro de la vida pública de Siena desde que fue construida, sobre el antiguo foro romano, en 1100. El Palazzo Pubblico, sede del gobierno, con su elegante torre, se añadió en 1297, y armoniza con los edificios de ladrillo situados enfrente.

1 Piazza del Campo

Sus nueve secciones (p. 101) honran al Consejo de los Nueve, órgano de gobierno medieval. La fuente y la rampa forman parte del sistema de abastecimiento de agua.

2 Palazzo Sansedoni

El edificio más antiguo del Campo; su fachada curva sirvió de modelo al resto de la plaza.

3 Palazzo Pubblico

Con su fachada y sus torres almenadas, este palacio (p. 101) estableció el canon de la arquitectura sienesa. Alberga el Museo Civico.

4 Museo Civico: serie de frescos

Los frescos de la *Alegoría del buen y del mal gobierno*, de Ambrogio Lorenzetti,
decoran la antigua sala del consejo de la ciudad.

5 Museo Civico: *Guidoriccio da Fogliano*

Este fresco de 1330 (p. 44) es el mejor de Simone Martini, aunque hay quien cuestiona su autoría. El paisaje de Maremma (marisma), donde Guidoriccio da Fogliano aplastó la rebelión de Montemassi, es encantador.

6 Cappella della Piazza

Los afortunados ciudadanos que consiguieron sobrevivir a la devastadora

LAS *CONTRADE* DE SIENA

El Campo es lugar de encuentro para las 17 *contrade* (barrios) de Siena. Los sieneses son ciudadanos primero de su *contrada* y después de Siena. Son bautizados en la iglesia de su *contrada* y deben casarse con un miembro de la misma: su *contrada* les ayuda en los negocios, hace las veces de club social y guarda luto por su muerte.

peste de 1348 construyeron esta *loggia* de mármol, con bellos detalles de piedra tallada, en señal de agradecimiento y como protección frente a futuras epidemias.

7 Torre del Mangia

⏱ Mar-oct: 10.00-19.00 diario; nov-feb: 10.00-16.00 diario ⏱ 25 dic ♿

Con sus 102 m, es una de las torres medievales más altas de Italia. Merece la pena subir los 503 escalones por las vistas.

8 Loggia della Mercanzia

Un tribunal de comercio tuvo su sede en esta lonja en 1417, decorada con esculturas de Lorenzo di Pietro, también conocido como Vecchietta, y de Antonio Federighi. La imparcialidad de sus jueces era tan conocida que los Gobiernos de toda Europa trasladaban aquí sus disputas financieras.

9 Palazzo Piccolomini

⏱ 9.00-13.30 lu y do, 9.00-19.00 ma-sá ♿

Palacio florentino de Siena que custodia las Tavolette di Biccherna o archivos municipales, que se remontan al siglo XIII, con cubiertas decoradas por artistas como Sano di Pietro, Ambrogrio Lorenzetti

Loba lanzando agua, Fonte Gaia

Edificios históricos de la Piazza del Campo

☕ **BEBER**
Hay infinidad de cafés alrededor del Campo para tomarse un capuchino al aire libre, o se puede acudir a Nannini *(p. 104)* al norte de la plaza.

y Domenico Beccafumi, entre otros.

10 Fonte Gaia

La Fuente de la Felicidad es una bonita reproducción del siglo XIX de la original, cuyos relieves realizados por Jacopo della Quercia se conservan en Santa Maria della Scala *(p. 102)*.

Guidoriccio da Fogliano, de Martini, Sala del Mappamondo

Museo Civico, Siena

1. Sala del Mappamondo
Frente al *Guidoriccio da Fogliano,* de Simone Martini (*p. 42*), está su impresionante *Maestà* (1315). Entre los frescos destaca una escena de batalla monocroma del siglo XV.

2. Sala della Pace
Contiene un enorme fresco laico medieval, pintado por el artista italiano gótico Ambrogio Lorenzetti (*p. 42),* con detalles de la vida cotidiana.

3. Cappella
El artista sienés prerrenacentista Taddeo di Bartolo pintó con frescos esta sala. Además de una pantalla ornamentada, hay un magnífico retablo de Sodoma.

4. Anticappella
Taddeo di Bartolo también trabajó en la antecapilla en 1415, que tiene como tema central la virtud cívica.

5. Sala di Balia
Spinello Aretino y su hijo trabajaron juntos (1407-1408) para ilustrar la vida del papa Alejandro III. Destaca una lograda batalla naval.

6. Sala del Risorgimento
La sala, cubierta con fascinantes frescos, contiene esculturas del siglo XIX y frescos inspirados en la vida del rey Víctor Manuel II, quien unificó Italia.

7. Sala del Concistoro
Hasta 1786, los delegados asistían a las sesiones de Gobierno en esta sala, bajo un techo cubierto con frescos de Domenico Beccafumi.

8. Anticamera del Concistoro
Esta sala decorada por Giorgio Bandini tiene aspecto neogótico. El fresco de Ambrogio Lorenzetti es uno de sus tesoros.

9. Vestíbulo
Una sala de paso que acoge una escultura en bronce de 1429 que representa una loba, en honor a los orígenes de Siena, así como un fresco diseñado por Ambrogio Lorenzetti.

10. Cortile del Podestà
El patio está decorado con una variada selección de antiguos escudos de armas. Desde aquí se puede acceder a la Torre del Mangia (*p. 43*).

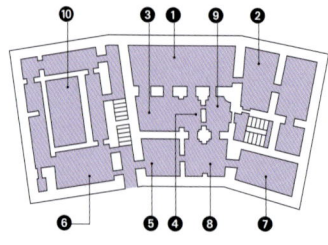

Plano del Museo Civico de Siena

ARTE SIENÉS

Durante algún tiempo Siena fue un centro de renovación artística similar a Florencia, aunque su papel en el Renacimiento fue menor. A finales del siglo XIII el arte sienés cobró importancia con artistas como el pintor Duccio, quienes empezaron a suavizar y animar el estilo estático bizantino con líneas fluidas propias del gótico y expresividad en los rasgos. *La aparición en el lago de Tiberiades* es una de las escenas en el reverso del retablo de la *Maestà* de Duccio; algunas de sus partes están ahora en el museo de la catedral de Siena. Ya en el siglo XIV, Simone Martini y los hermanos Lorenzetti introdujeron colorido en las paletas y complejidad en las composiciones. No obstante, mientras el Renacimiento florentino continuó revolucionando la pintura, la peste de 1348 asestó un duro golpe al gótico de Siena. Los Lorenzetti murieron, al igual que dos terceras partes de la población. Demasiado ocupada en recuperar su economía y combatir una invasión florentina, Siena no tenía tiempo ni dinero para el arte. Cuando la ciudad recuperó el ritmo, sus artistas ya habían desarrollado una diversidad de estilos, que iban desde el gótico hasta el manierismo.

La aparición en el lago de Tiberiades, de Duccio di Buoninsegna

8

CHIANTI

📍 E3 ℹ️ Piazza Giacomo Matteotti 10, Greve in Chianti; 0558 546 299

Los 50 km que separan las maravillosas ciudades de Siena y Florencia forman un paisaje que parece directamente salido de una pintura renacentista: ondulantes colinas cubiertas de viñedos y olivares, castillos almenados y bulliciosas ciudades con mercado. La seductora belleza de Chianti, y sus famosos vinos, llevan siglos atrayendo visitantes a este paraíso toscano.

2 Greve in Chianti

Se ha convertido en la capital no oficial de Chianti. Hay numerosas tiendas de vino, pero su establecimiento más popular es Falorni, una gran carnicería que además vende *prosciutto* y quesos curados. Hay degustaciones gratuitas.

CONSEJO TOP 10

Antes de acudir a un viñedo, se aconseja consultar su horario y las visitas guiadas.

1 Castello di Brolio

Brolio, cuyo viñedo data de 1007, ha sido el alma de esta región desde que el Barón de Hierro Bettino Ricasoli *(p. 74)* perfeccionó la fórmula del vino en el siglo XIX.

El hermoso viñedo que rodea el castillo de Brolio

3 Radda in Chianti

La única ciudad de la región de Chianti emplazada en una colina. Además de buenas vistas, se pueden contemplar muchos escudos heráldicos. Luciano Porciatti es una famosa carnicería y tienda de alimentación.

4 Pieve di San Leolino

Al sur de Panzano se halla una pequeña iglesia románica con varias pinturas sienesas de los siglos XIII-XV y un claustro de piedra.

5 Montefioralle

Esta aldea del siglo XIV, situada sobre Greve, tiene una única

Explorando las calles de Castellina in Chianti

calle circular, dos iglesias y espléndidas vistas de la iglesia del siglo X Pieve di San Cresci, que se encuentra situada fuera del recinto amurallado.

6 Tumolo di Montecalvario

Este túmulo del siglo VI perfectamente conservado consta de cuatro túneles que conducen a cámaras funerarias. No se cobra entrada.

7 Panzano in Chianti

En esta localidad tiene su establecimiento el magnífico carnicero Dario Cecchini. Hay dos buenas enotecas donde degustar un tentempié regado con vinos locales.

8 Castellina in Chianti

Es la más medieval de las ciudades de la región, con una impresionante fortaleza. La Via delle Volte –un corredor subterráneo con ventanas a la campiña– era un paso de soldados cuando la ciudad era el último puesto militar florentino antes de Siena.

9 Badia a Coltibuono

Esta abadía del año 770 incluye una iglesia del siglo XI, la escuela de cocina de Lorenza de Médicis y un excelente restaurante dirigido por su hijo.

10 Badia a Passignano

El imperio vinícola Antinori es propietario de los viñedos que rodean este monasterio del siglo XI, que alberga cuadros barrocos de Ridolfo Ghirlandaio e Il Passignano en la capilla de San Michele, así como un fresco de *La Última Cena*, de Domenico y Davide Ghirlandaio.

CÓMO LLEGAR

La S222, que une Florencia y Castellina, es la ruta clásica por Chianti; se puede ir directamente hacia Siena o tomar la S429 hacia el este antes de girar al sur por la S408 en dirección a Siena. Para descubrir la región, conviene tomar las carreteras secundarias a Passignano, Coltibuono y otras localidades fuera de los itinerarios habituales.

Bodegas en Chianti

**Catando vino en
Castello di Verrazzano**

1. Castello di Brolio
🅟 E4 🅐 Località Madonna a Brolio
🅦 ricasoli.it 🅒
La famosa bodega que inventó el
Chianti clásico ha vuelto a manos de la
familia Ricasoli. Reserva la visita con
antelación *(p. 74)*.

2. Monsanto
🅟 E3 🅐 Via Monsanto 8
🅦 castellodimonsanto.it 🅒
Bodega que elabora un Chianti cien
por cien de uva *sangiovese*. Llamar con
antelación para concertar la visita.

3. Fonterutoli
🅟 E3 🅐 Via Giacomo Puccini 4
🅦 mazzei.it
Reputada bodega de la familia Mazzei
desde 1435. Son excelentes el Chianti
clásico, el Badiola Sangioveto y el
Belguardo (uva *morellino*). Ofrece catas
con reserva previa *(p. 75)*.

4. Castello di Ama
🅟 E3 🅐 Località Ama in Chianti
🅦 castellodiama.it
Se puede visitar la bodega y luego
hacer una degustación y comprar sus
vinos en la enoteca de Rinaldi Palmira,
en Lecchi.

5. Castello di Volpaia
🅟 E3 🅐 Piazza della Torre 2
🅦 volpaia.it 🅒
En el pueblo del siglo XIII se degusta
vinos, aceites de oliva y vinagres.

6. Castello Vicchiomaggio
🅟 E3 🅐 Località Vicchio 4
🅦 vicchiomaggio.it
Bodega con catas, visitas guiadas (con
reserva) y cursos de cocina. Hay también
una *trattoria*.

7. Villa Vignamaggio
🅟 E3 🅐 Via Case Sparse (Panzano),
62 🅦 vignamaggio.com 🅒
Villa histórica *(p. 68)* cuyos vinos fueron
los primeros en recibir la denominación
de Chianti. Reservar su visita con
antelación.

8. Castello di Gabbiano
🅟 E3 🅐 Via Gabbiano 22
🅦 castellogabbiano.it 🅒
Esta bodega ubicada en un castillo y
con vistas a los viñedos ofrece catas.

9. Rocca delle Macìe
🅟 E3 🅐 Località Le Macìe 45
🅦 roccadellemacie.com
El festival estival de ópera anima esta
finca del siglo XIV que ofrece alojamiento.

10. Castello di Verrazzano
🅟 E3 🅐 Via Castello di Verrazzano 1
🅦 verrazzano.com
Esta familia lleva fabricando vino
desde 1100. Catas de lunes a sábado.

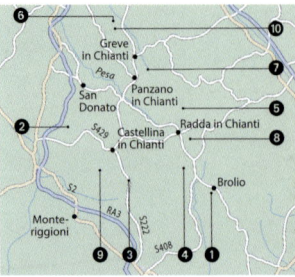

El sello del gallo negro identifica los vinos clásicos de las colinas de Chianti

HISTORIA DEL CHIANTI CLÁSICO

Los vinos de las colinas del Chianti existen desde época romana (una de sus uvas, la *canaiolo*, la cultivaban los etruscos). La denominación Chianti data de 1404, cuando se envió una barrica a Prato. En el siglo XIII se constituyó un consorcio de ciudades del área de Chianti, pero hasta 1716 no se la reconoció como la primera región productora de vino. En 1960 Chianti se convirtió en la primera DOGG italiana, toda una marca de calidad. Cerca de 70 Km² están sembrados con dos tipos de uva tinta (*sangiovese* y *canaiolo*) y dos blancas (malvasía y *trebbiano*). Aunque las regiones productoras de Chianti son siete, solo los vinos fabricados dentro del consorcio del Chianti reciben esta denominación de origen y llevan el símbolo del gallo negro.

Vinos de Chianti a la venta en una tienda de productos locales

9

CORTONA

F4 · Piazza Signorelli 9; cortonaweb.net

Cortona, una de las localidades de las colinas más atractivas de la Toscana, combina enterramientos etruscos, pasajes medievales, arte renacentista, espléndidas vistas y un ambiente rural. Probablemente estuviera habitada antes que los etruscos, y es conocida por ser la cuna de Fra Angelico, del renacentista Luca Signorelli, del maestro barroco Pietro da Cortona y del pintor futurista del siglo XX Gino Severini.

1 Rugapiana (Via Nazionale)

La calle principal de Cortona es además la única llana (rugapiana en el dialecto local). Estrecha y adoquinada, es también peatonal, y de sus dos aceras salen varios pasajes empinados.

2 Museo dell' Accademia Etrusca

Piazza Luca Signorelli 9 · 10.00-17.00 ma-do · cortonamaec.org

Este museo amplió su espacio expositivo en 2008. Se exhiben hallazgos de las excavaciones de Melone del Sodo (I y II). La atracción principal es una lámpara de bronce de Medusa del siglo V a. C. La ecléctica colección del museo incluye también objetos egipcios.

VISTAS
Si se sigue la Via Santa Margherita hasta la Fortezza Medicea di Girifalco, del siglo XVI, se divisa el Val di Chiana hasta el lago Trasimeno.

3 Melone I del Sodo

Frazione Pieve Vecchia · 10.00-19.00 diario · cortonamaec.org

Los pasajes de este enterramiento etrusco del siglo VI a. C. se excavaron en el XIX. También se pueden visitar antiguas cámaras funerarias etruscas.

4 Melone II del Sodo

El altar de este enorme túmulo etrusco del siglo VI a. C. fue descubierto en la década de 1990. Se trata de una impresionante

La bella ciudad en alto de Cortona

escalinata flanqueada por esfinges que conduce a una plataforma.

5 Tomba di Pitagora

La cámara de piedra de este enterramiento del siglo III a. C. recibió por error el nombre de tumba de Pitágoras cuando alguien confundió Cortona con la tierra natal del matemático, Crotone, en Calabria.

6 Duomo

La catedral, con techos abovedados, contiene pinturas de los siglos XVI y XVII.

7 Museo Diocesano

⬚ Piazza del Duomo 1
🕐 25 dic 🔲 cortona tuseibellezza.it ⬚
Alberga importantes obras, desde un sarcófago

romano estudiado por Donatello, hasta pinturas de Pietro Lorenzetti, Fra Angelico, Francesco Signorelli y su tío Luca, como *La comunión de los apóstoles.*

8 San Niccolò

Esta diminuta iglesia del siglo XV, con un bonito patio rodeado de cipreses, alberga un curioso retablo de dos caras pintado por Luca Signorelli. (Se puede visitar llamando al timbre).

9 San Domenico

Alberga un fresco de la Virgen de Fra Angelico en la entrada, una *madonna* de Luca Signorelli en su interior y un inmenso retablo del siglo XV de Lorenzo di Niccolò totalmente intacto (una rareza).

DIRECCIÓN CORTONA

La carretera que lleva a Cortona empieza cerca de los enterramientos de Melone, en el fondo del valle. Asciende entre olivares y deja atrás la Tomba di Pitagora y la iglesia de Santa María, para terminar en la Piazza Garibaldi. Desde aquí, la Via Nazionale conduce a las plazas Repubblica y Signorelli, cerca de la mayoría de lugares de interés.

10 Santa Maria delle Grazie al Calcinaio

Ejemplo de arquitectura del Renacimiento tardío, Santa Maria (1485-1513) es la obra maestra de Francesco di Giorgio Martini y se halla fuera de las murallas de la ciudad.

Desde la derecha, en sentido a las agujas del reloj Duomo; La comunión de los apóstoles, Museo Diocesano; Santa Maria delle Grazie al Calcinaio; detalle de una urna, Museo dell'Accademia Etrusca

Asentamientos etruscos cerca de Cortona

Objetos expuestos en el Museo Archeologico e d'Arte della Maremma

1. Cortona: Museo dell'Accademia Etrusca
Este museo, uno de los mejores de la ciudad, posee una soberbia colección de objetos etruscos y de Cortona (p. 50).

2. Cortona: tumbas
Entre los enterramientos etruscos del valle del Cortona se incluyen las extraordinarias tumbas Melone I y II (p. 50) y la Tomba di Pitagora (p. 51).

3. Volterra: Museo Etrusco Guarnacci
Los etruscos transformaron esta ciudad del siglo IX a. C. en parte de la confederación de Dodecápolis. El museo (p. 62) alberga más de 600 urnas funerarias, así como *La sombra de la tarde*, un elegante bronce alargado que representa a un niño.

4. Sovana: tumbas y *Vie cave*
Seis necrópolis rodean este asentamiento etrusco (p. 132), la mayoría en estado de abandono. En su interior se encuentran las *vie cave*, una red de estrechos senderos excavados a 20 m de profundidad, cuya función aún se desconoce.

5. Florencia: Museo Archeologico
Junto a tesoros de la Antigua Roma y Antioquía, el Museo Arqueológico de Florencia (p. 90) conserva una de las obras de arte más importantes de Etruria, una quimera en bronce del siglo IV a. C.

6. Populonia
Antigua fundición costera (p. 132), esta ciudad medieval tiene un pequeño museo y restos de murallas. Cerca hay una necrópolis donde se ilustran distintas formas de enterramiento, desde pasajes subterráneos hasta túmulos abovedados, pasando por los *edícola* (tipo de santuario).

7. Chiusi: Museo Archeologico Nazionale Etrusco
Este excelente museo alberga bellas ánforas y urnas funerarias, algunas con pinturas polícromas milagrosamente conservadas (p. 126).

8. Chiusi: tumbas
Un vigilante acompaña hasta dos de las tumbas que se hallan en el valle de Chiusi (p. 126). Una de ellas es la Tomba della Pellegrina, que conserva sus urnas y sarcófago.

9. Grosseto: Museo Archeologico e d'Arte della Maremma
Muchos de los objetos encontrados en Maremma (Sovana, Roselle, Vetulonia) fueron a parar aquí, incluidos varios relieves de terracota (p. 132).

10. Roselle
🅷 E5
Única ciudad etrusca de la Toscana completamente excavada. Formó parte, durante un tiempo, de las Dodecápolis, pero fue pronto conquistada (294 a. C.). Los restos de murallas y casas etruscas están situados junto a un anfiteatro y unas termas romanas.

LOS ETRUSCOS

La Toscana debe su nombre a los etruscos, que se asentaron en Italia central, desde el Lacio hasta los Apeninos umbros, alrededor del siglo VIII a. C. Se sabe muy poco de ellos, más allá de algunos testimonios romanos (los reyes romanos tarquinos eran, de hecho, etruscos) y los objetos que se han conservado, la mayoría de ellos funerarios. Según cuentan las leyendas, llegaron de Asia Menor (trayendo consigo el ciprés, árbol característico de la Toscana). Tenían costumbres avanzadas, con relativa igualdad de sexos, y una excelente ingeniería (los etruscos enseñaron a los romanos cómo drenar el suelo para dedicarlo a la agricultura). Comerciaban con los griegos, asentados en el sur de Italia; los etruscos adoptaron el alfabeto griego y casi toda su cerámica pintada presenta influencia griega o ática. Sus 12 grandes ciudades-Estado formaban una cambiante confederación llamada Dodecápolis. Ya en el siglo III a. C., los romanos iniciaron la conquista de Etruria, en la que reemplazaron las ciudades etruscas por calzadas y campamentos romanos.

Restos de un asentamiento etrusco en Roselle

10

LUCCA

◎ C2 🚉 Piazzale Verdi; turismo.lucca.it

Lucca es una elegante ciudad con ópera, olivares, iglesias románicas y jardines. Su casco histórico está delimitado por unas murallas de ladrillo del siglo XVI, incluidas entre las defensas renacentistas mejor conservadas de Europa. Al contrario que otras ciudades en las colinas toscanas, Lucca es llana; muchos de sus habitantes se desplazan en bicicleta, lo que añade atractivo a la localidad.

Ornamentado techo abovedado del Duomo

1 Murallas

Castaños y pinos dan sombra en el camino de grava situado sobre las murallas (1544-1650) de Lucca. Sus habitantes suelen pasear por aquí por las vistas de los jardines y los Alpes.

CONSEJO TOP 10

Se alquilan bicicletas en la Piazza Santa Maria para recorrer las murallas pedaleando.

2 Santa Maria Forisportam

Aunque la fachada pisana es del siglo XII, el interior data del siglo XVII, incluidos dos espléndidos retablos de Guercino.

3 Duomo

◎ Piazza San Martino ◷ 9.30-18.00 lu-sá, 12.00-18.00 do ⬈

La fachada, de principios del siglo XIII, presenta arcos de estilo románico-pisano sobre un pórtico con tallas románicas. En el interior alberga esculturas del maestro del siglo XV Matteo Civitale, la tumba de Ilaria, de Jacopo della Quercia, *La Última Cena (1591)*, de Tintoretto, y el *Volto Santo di Lucca*, supuestamente de Nicodemus.

4 Tumba de Ilaria

La tumba de la esposa del gobernador, una obra maestra realizada por Jacopo della Quercia en el siglo XV, combina la pose yacente típica medieval con motivos decorativos clásicos y querubines. El cincel de Della Quercia supo transformar el duro mármol en cojines de suave aspecto y captar la belleza de Ilaria.

5 San Michele in Foro

Construidos sobre el antiguo foro romano, los arcos de estilo románico-pisano superan en altura a los del Duomo. Dentro hay una *Virgen con Niño*, de Civitale, otra de Andrea della Robbia y unos *Santos* de Filippino Lippi. Puccini fue miembro del coro.

Cafés de la Piazza Anfiteatro, en el casco histórico de Lucca

6 Piazza Anfiteatro

El anfiteatro romano fue destruido hace tiempo para utilizar su piedra en la construcción, pero su óvalo sirvió de cimiento para casas medievales. Hoy es una tranquila *piazza* con arcos antiguos.

7 Museo Nazionale Villa Guinigi

🏠 Via della Quarquonia 4 ⏰ Los horarios varían, consultar la página web 🌐 luccamuseinazionali.it
Esta villa del siglo XV alberga piezas de la Edad del Hierro, ligures y etruscas, además de arte renacentista.

8 Basilica di San Frediano

🏠 Piazza San Frediano ⏰ 9.00-18.00 diario ♿
Alberga tesoros como una fuente románica, la

Estatua de san Miguel, San Michele in Foro

serie de frescos (1508-1509) de Amico Aspertini, *Milagros de San Frediano*, y los mosaicos de la fachada.

9 Museo Nazionale di Palazzo Mansi

🏠 Via Galli Tassi 43 ⏰ 12.00-19.30 ma-sá ♿
Los interiores barrocos de este palacio sirven de fondo a las pinturas renacentistas y manieristas de Bronzino, Beccafumi, Correggio, Sodoma y Luca Giordano.

10 Torre Guinigi

🏠 Via Guinigi 29 📞 0583 48 090 ⏰ 10.00-17.00 diario ♿
El palacio del siglo XIV de la familia gobernante de Lucca tiene una torre de 44 m que ofrece bellas vistas.

HISTORIA DE LUCCA

La ciudad fue fundada por los romanos; César, Pompeyo y Craso consolidaron aquí su primer triunvirato. Se cree que Paulino, discípulo de san Pedro, trajo el cristianismo a Lucca, que se convirtió en lugar de paso de la peregrinación de la Via Francigena. La marquesa Matilde gobernó la ciudad en el periodo lombardo y fue sucedida por varios señores locales –excepto en una etapa de control pisano en el siglo XIV–. Lucca permaneció independiente de Florencia hasta que Napoleón la entregó a su hermana Elisa en 1805.

FLORENCIA Y LA TOSCANA

LO MEJOR DE

Pozas termales de Saturnia

IGLESIAS DE FLORENCIA

1 Santissima Annunziata
🗺 P1 📍 Piazza SS Annunziata
🕐 6.30-11.30 y 16.00-18.30 diario

El claustro de la entrada, diseñado por Michelozzo, fue decorado al fresco por Andrea del Sarto, Rosso y Pontormo. En la tribuna barroca octogonal están la *Virgen y santos,* de Perugino, y la *Resurrección,* de Bronzino. La tumba de Giambologna, en la capilla del fondo, está adornada con esculturas del propio artista.

2 Duomo
Dominando el horizonte de la ciudad, se alza la cúpula de doble concha proyectada por el arquitecto Filippo Brunelleschi *(p. 26),* la mayor cúpula de ladrillo jamás construida.

3 Orsanmichele
🗺 M4 📍 Via dell'Arte della Lana
🕐 8.30-18.30 mi-lu

Este antiguo granero, usado por los gremios de la ciudad, está decorado con esculturas de Donatello, Ghiberti y

Estatua de san Jorge de Donatello, Orsanmichele

Verrocchio (son copias; las originales están en el museo de la planta superior). Orcagna diseñó el tabernáculo a modo de catedral y alberga en su interior la *Virgen y Niño con ángeles* (1348), de Daddi.

4 San Miniato al Monte
🗺 Q7 📍 Via delle Porte Sante 34
🕐 9.30-13.00 y 15.00-19.00 lu-sá, 8.15-19.00 do

La fachada de la única iglesia románica de Florencia domina la ciudad desde la colina de su emplazamiento. Agnolo Gaddi, uno de los últimos artistas florentinos herederos del estilo de Giotto, pintó las puertas del tabernáculo de Michelozzo (1394-1396).

5 Santa Croce
Tras la llamativa fachada de mármol se encuentra un panteón gótico con las tumbas *(p. 88)* de figuras tan conocidas como Miguel Ángel, Maquiavelo, Rossini y Galileo (trasladado aquí en 1737). Giotto pintó los frescos de las dos capillas a la derecha del altar.

6 Santo Spirito
🗺 L5 📍 Piazza S Spirito 🕐 10.00-13.00 y 15.00-18.00 lu-sá, 11.30-13.30 y 15.00-18.00 do y festivos

Las proporciones de esta obra de Brunelleschi se evidencian en las

Elegante interior de la Santissima Annunziata

líneas de *pietra serena* trazadas sobre cemento blanco. Hay que ver las esculturas de Filippino Lippi (*Virgen y Niño con santos*, 1466) y de Verrocchio (*Santa Mónica y monjas agustinas*).

7 Santa Trinità

L4 Piazza S Trinità
7.00-12.00 y 16.00-19.00 diario

El arquitecto florentino Buontalenti planeó la fachada y Ghirlandaio realizó los frescos de la Cappella Sasetti con una *Vida de san Francisco* situada en la Florencia del siglo XV.

8 San Lorenzo y las capillas de los Médicis

M2 Piazza di S Lorenzo
Capillas de los Médicis: 8.15-13.50 diario (mar-oct: hasta 16.50) 2.º y 4.º do de mes; 1.er, 3.er y 5.º lu de mes; 1 ene, 25 dic

Fue la iglesia de los Médicis. Las tumbas de la familia fueron decoradas por Donatello, Rosso Fiorentino, Bronzino y Filippo Lippi, en un marco arquitectónico de Brunelleschi (interior y sacristía vieja) y Miguel Ángel (biblioteca Laurenciana, sacristía nueva). Esta última contiene las obras de Miguel Ángel *Aurora, Crepúsculo, Noche y Día*.

9 Santa Maria del Carmine

K4 Piazza del Carmine
Reservas: 0552 768 224
10.00-17.00 lu y mi-sá, 13.00-17.00 do y festivos

Los frescos más famosos de esta iglesia es la serie *La vida de san Pedro* en la capilla Brancacci, encargada por el comerciante florentino Felice Brancacci en torno a 1424. Masolino comenzó a pintarlos en 1425, pero muchas de las escenas son obra de su pupilo Masaccio, que murió antes de completar el ciclo. Filippino Lippi finalizó la obra 50 años más tarde, en 1480. La iglesia

y la capilla solo pueden visitarse con reserva.

10 Santa Maria Novella

Esta hermosa basílica (*p. 90*) luce una espectacular fachada de mármol verde y blanco. Entre sus numerosas obras maestras destacan la *Trinità* (1428) de Masaccio, el primer ejemplo renacentista de la aplicación de la perspectiva en un cuadro; el extraordinario y realista *Crucificado* de Giotto; los frescos de Filippino Lippi en la capilla Strozzi (1486) y los coloridos frescos (1485) del santuario, obra de Ghirlandaio. Los frescos sobre Noé (1446), de Paolo Uccello, presentan curiosas perspectivas.

Fachada gótica de la iglesia de Santa Maria Novella

IGLESIAS DE LA TOSCANA

1 Duomo, Siena
Espectacular catedral gótica (*p. 38*) con detalles románicos y decorada con obras de Giovanni Pisano, Pinturicchio, Donatello, Miguel Ángel, Beccafumi y Bernini.

2 Collegiata, San Gimignano
📍 D3 🏛 Piazza del Duomo
🕐 Abr-oct: 10.00-19.30 lu-vi, 10.00-17.00 sá, 12.30-19.30 do; nov-mar: 10.00-17.00 lu-sá, 12.30-17.00 do
🚫 Durante los servicios religiosos; 1 y 15-31 ene, 12 mar, 15-30 nov, 25 dic ♿

El interior de la principal iglesia de San Gimignano está lleno de frescos de los siglos XIV y XV, entre ellos una serie del pintor italiano Ghirlandaio.

3 Sant'Antimo
Esta abadía cisterciense (*p. 125*), de estilo románico francés, se construyó con travertino y alabastro. En su interior pueden verse hermosos capiteles labrados y frescos en la sacristía. La actual comunidad de monjes agustinos interpreta cantos gregorianos durante las misas; también recolectan miel y elaboran remedios herbales que venden en su farmacia.

Impresionante interior del Duomo de Pisa

4 Duomo, Pisa
Aparte del exterior de estilo románico-pisano, solo algunos elementos (*p. 34*), como el mosaico de 1302 de Cimabue, en el ábside, sobrevivieron al incendio de 1595. Sin embargo, la restauración emprendida a finales del Renacimiento y principios del Barroco resulta apropiada. Cuenta la leyenda que el balanceo de la lámpara de bronce de la nave inspiró a Galileo su ley del péndulo.

5 Duomo, Massa Marittima
📍 D4/5 🏛 Piazza Garibaldi
🕐 8.00-18.00 diario (verano: hasta 19.00)
Esta catedral dedicada a san Cerbone, un santo del siglo VI, presenta arquerías románicas coronadas por pináculos góticos y un campanario. Entre las magníficas esculturas que contiene se incluyen tres escenas dedicadas a la

vida de san Cerbone y unas hermosas tallas prerrománicas.

6 Duomo, Pienza

🗺 D3 🏛 Piazza Pio II
🕐 8.30-13.00 y 14.30-19.00 diario

La fachada clásica del Duomo oculta una construcción al estilo gótico alemán, que forma parte de un conjunto arquitectónico Patrimonio de la Humanidad de la Unesco. Es el resultado de las modificaciones impuestas por el papa Pío II Piccolomini al arquitecto Rossellino, quien planeaba diseñar una ciudad puramente renacentista.

7 Duomo, Lucca

🗺 D3 🏛 Piazza San Martino
🕐 9.30-18.00 lu-sá, 12.00-18.00 do

San Martino es un magnífico ejemplo de arquitectura románica. Entre sus esculturas se incluyen desde relieves góticos hasta obras de dos grandes artistas del siglo XV, el pisano Matteo Civitale y el sienés Jacopo della Quercia.

8 San Francesco, Arezzo

🗺 F3 🏛 Piazza San Francesco
📞 0575 352 727 🕐 9.00-19.00 lu, ma y ju-sá, 13.00-18.00 do 🎫

Una restauración de 15 años del magnífico fresco de la *Leyenda de la Vera Cruz* (1448-1466), de Piero della Francesca, ha devuelto la luminosidad a esta imponente obra del siglo XIV.

Duomo de Pistoia, con su campanario y su baptisterio octogonal

9 Duomo, Pistoia

🗺 D3 🏛 Piazza San Martino
🕐 9.30-18.00 lu-sá, 12.00-18.00 do 🎫

La entrada de terracota esmaltada de Andrea della Robbia acentúa las estrías de la fachada románica del Duomo de Pistoia. El altar de San Jacopo es un magnífico ejemplo de la orfebrería en plata italiana.

10 Duomo, Prato

🗺 D2 🏛 Piazza del Duomo
🕐 9.00-17.00 diario

Algunas de las mejores obras de arte de todo Prato se encuentran en el Duomo. Los elegantes frescos del coro están considerados la obra más destacada de Filippo Lippi, e incluyen la famosa escena de Salomé ofreciendo a Herodes la cabeza de san Juan Bautista en una bandeja.

El banquete de Herodes, de Filippo Lippi, en el Duomo de Prato

MUSEOS

1 Los Uffizi, Florencia
El nacimiento de Venus, de Botticelli, *La Anunciación*, de Leonardo, y el *Tondo Doni*, de Miguel Ángel, son solo tres de las obras maestras que hacen de este museo *(p. 22)* una visita obligada en Florencia.

2 Palazzo Pitti, Florencia
La Galleria Pallatina *(p. 30)* muestra *madonnas* de Rafael y bellezas de Tiziano junto con obras de Andrea del Sarto, Perugino, Signorelli, Caravaggio y Rubens. La decoración palaciega sirve de escenario a las colecciones de trajes de época, objetos de plata y carruajes.

3 Museo Civico, Siena
🕑 E4 🏛 Palazzo Pubblico, Piazza del Campo 1 🕐 Nov-feb: 10.00-18.00 diario; mar-oct: 10.00-19.00 diario ♿
Este museo *(p. 44)*, en un edificio medieval almenado, alberga la mejor pintura gótica de Siena, incluida la *Alegoría del buen y del mal gobierno* de Lorenzetti.

4 Museo Etrusco Guarnacci, Volterra
🕑 D4 🏛 Via Don Minzoni 15 🕐 Abr-oct: 9.00-19.00 diario; nov-mar: 10.00-16.30 diario ♿
Museo etrusco con más de 600 urnas funerarias de alabastro con motivos mitológicos o metafóricos, una tapa de sarcófago en terracota que representa a una pareja de ancianos y pequeños bronces.

5 Il Bargello, Florencia
El mejor museo escultórico de Italia *(p. 88)* se halla en un edificio de 1255 que antiguamente fue el ayuntamiento y la prisión y toma su nombre de la oficina del jefe de policía de la ciudad *(bargello)*. La galería alberga la mejor colección de Donatellos. También hay obras de Giambologna y Miguel Ángel.

6 Galleria dell'Accademia, Florencia
La sala repleta de vaciados en escayola indica que esto sigue siendo una academia de bellas artes *(p. 87)*. Los visitantes acuden a ver el *David* de Miguel Ángel y se quedan por sus *Esclavos*, esculpidos para la tumba de Julio II, y por el arte de Botticelli, Lorenzo di Credi, Orcagna, Perugino y Del Sarto.

7 Museo dell'Accademia Etrusca, Cortona
🕑 F4 🏛 Piazza Signorelli 🕐 Abr-oct: 10.00-19.00 diario; nov-mar: 10.00-13.00 y 14.00-17.00 ma-do 🌐 cortonamaec.org ♿
Esta colección incluye restos etruscos y pinturas renacentistas y barrocas, además de objetos egipcios, piezas

Piezas expuestas en el Museo Etrusco Guarnacci

Lámpara etrusca de bronce, Museo de Cortona

decorativas y obras del artista futurista local Gino Severini. El templo Ginori y la biblioteca están cerrados temporalmente.

8 Museo Civico, Sansepolcro

📍 F3 ⌖ Via Niccolò Addiunti
🕐 10.00-13.00 y 14.30-18.00 diario
🌐 museocivicosansepolcro.com

En el pueblo de Piero della Francesca se hallan algunas de sus obras con mayor dimensión psicológica, junto a obras de Signorelli, Santi di Tito y Raffaellino del Colle. Entre las obras que alberga el museo figuran la *Madonna della Misericordia* (1445-1462), *San Giuliano* (1458) y *Resurrección* (1463), calificada como "la mejor pintura del mundo" por Aldous Huxley en un ensayo de 1925.

9 Museo Galileo, Florencia

📍 N5 ⌖ Piazza dei Giudici 1
🕐 9.30-13.00 ma, 9.30-18.00 mi-lu 🔧

Los instrumentos que se exponen aquí son tan bellos como representativos. Incluyen una calculadora mecánica hecha en piedra, máquinas para ilustrar el movimiento de los astros y el telescopio que empleó Galileo para descubrir las lunas de Júpiter.

10 Pinacoteca Nazionale, Siena

Emplazado en un *palazzo* del siglo XIV *(p. 101)*, ofrece el recorrido más completo por la pintura sienesa de la Toscana y alberga *La Adoración de los Magos*, de Bartolo di Fredi.

TOP 10
ESTILOS ARTÍSTICOS

1. Macchiaioli
Equivalente toscano al impresionismo (finales del siglo XIX).

2. Bizantino
Conservador, estático y estilizado, en la tradición iconográfica oriental de los siglos IX-XIII. Rostros ovalados, ojos grandes y ropajes con hilos de oro.

3. Gótico
Más colorista, expresivo y realista que el bizantino. Líneas fluidas y facciones acentuadas (siglos XIII-XIV).

4. Renacentista
Los artistas florentinos de los siglos XV y XVI desarrollaron un estilo más naturalista y nuevas técnicas, como la perspectiva.

5. Manierismo
Surgido tras el Renacimiento tardío (finales del siglo XVI) a partir de las posturas retorcidas y el variado cromatismo de Miguel Ángel.

6. Barroco
Con mayores contrastes de luz y sombra que el manierismo, para mayor efecto dramático (siglos XVI-XVII).

7. Rococó
El barroco llevado a sus últimas consecuencias: desbordante y recargado (siglo XVIII).

8. Neoclásico
Inspirado en los cánones y mitología clásicos (siglo XIX).

9. Liberty
Versión italiana del *art nouveau* (siglo XX), presente sobre todo en fachadas y letreros de tiendas.

10. Etrusco
Influido por el arte griego. Urnas funerarias, estatuas de gran tamaño y figuras votivas de los siglos VIII-IV a. C.

Quimera de Arezzo, en Florencia

OBRAS MAESTRAS TOSCANAS

El emblemático *David* esculpido por Miguel Ángel

1 *David*
🅰 Florencia

A los 26 años Miguel Ángel tomó un bloque de mármol, apodado *el gigante* por los escultores de la época, y lo convirtió en el *David* (1501-1504), representado como un hombre joven que encarna el ideal humanista de la época. La escultura, creada en principio para el Duomo de Florencia, estuvo primero en el Palazzo Vecchio. Más tarde resultó dañada durante una revuelta contra los Médicis y fue trasladada a la Galleria dell' Accademia (p. 87).

2 *El nacimiento de Venus*
🅰 Florencia

Esta belleza pintada por Botticelli está en los Uffizi (p. 22) y cubre su desnudez con ambas manos, en una actitud típicamente clásica. Una *ora* (doncella) se apresura a cubrirla con una túnica, mientras Céfiro, el viento del oeste, la empuja hacia la orilla entre una nube de pétalos de rosa (c. 1484-1486).

3 *Descendimiento de Cristo* de Rosso Fiorentino
🅰 Volterra

Una de las obras maestras del manierismo florentino, con los clásicos colores llamativos y las poses en escorzo. Esta visión sorprendentemente moderna de un tema tradicional ejecutada en 1521 parece mucho más reciente. Se encuentra en la Pinacoteca (p. 119)

4 *Resurrección de Cristo*
🅰 Sansepolcro

Cuando el musculoso Jesús de pesados párpados de Piero della Francesca se levanta de su ataúd, el paisaje circundante cobra vida (1463). Se dice que el soldado dormido con armadura color marrón es un autorretrato. Se puede ver en el Museo Civico (p. 107).

5 *Trinità*
🅰 Florencia

La *Trinità* de Masaccio (1428), en Santa Maria Novella (p. 90), fue la primera obra pictórica que utilizó la perspectiva desde un punto de fuga. Es una composición triangular, con dos líneas que parten de las rodillas de los fieles y atraviesan los halos de María y san Juan, hasta converger en Dios Padre.

6 *Maestà* de Duccio
🅰 Siena

Un retablo compuesto por varias obras individuales. Se considera la primera obra maestra de la Escuela de Siena. Fue sacada en procesión y, desde entonces, pintar una *Maestà* se convirtió en un rito para los artistas. Está en el Museo dell'Opera Metropolitana (p. 40).

7 Púlpito de Giovanni Pisano
🚩 Pistoia

Los Pisano (padre e hijo) tallaron cuatro púlpitos de piedra en Pisa, Siena y Pistoia. El púlpito hexagonal de Giovanni (1301), en Sant'Andrea *(p. 95)*, ilustra escenas bíblicas como el Juicio Final.

8 Maestà de Giotto
🚩 Florencia

Exhibida en los Uffizi, esta obra maestra de Giotto de 1310 rompió con las convenciones de la época. La Virgen aparece vestida con ropas comunes –en vez de la tradicional túnica– y el Niño descansa en su regazo en lugar de levitar.

9 Alegoría del buen y del mal gobierno
🚩 Siena

Alojado en el Museo Cívico *(p. 44)*, este fresco de Ambrogio Lorenzetti (1338) cubre las paredes de la sala de gobierno del Consejo de los Nueve. Bajo el mando de figuras del buen gobierno Siena prospera; bajo el mal gobierno, se tambalea.

10 Puertas del Paraíso
🚩 Florencia

Lorenzo Ghiberti diseñó diez paneles de bronce con escenas del Antiguo Testamento para las puertas orientales del baptisterio *(p. 27)*, que fueron descritas por Miguel Ángel como "las puertas del Paraíso". Los paneles originales se encuentran en el Museo dell'Opera.

Admirando las puertas orientales del baptisterio

TOP 10 ARTISTAS TOSCANOS

Retrato de Miguel Ángel

1. Giotto *(1266-1337)*
Giotto tomó la pintura estática de estilo bizantino y la llevó por el camino del Renacimiento.

2. Simone Martini *(1284-1344)*
Martini conjugó la visión iconográfica medieval con una paleta de colores vibrantes e intensamente dramática.

3. Donatello *(1386-1466)*
Escultor renacentista que trabajó con la perspectiva antes que los pintores y dio forma a la primera estatua ecuestre.

4. Fra Angelico *(1395-1455)*
Se formó en la iluminación de manuscritos, pero su obra se basa en las ideas de naturalismo y perspectiva.

5. Masaccio *(1401-1428)*
Dotó a la pintura renacentista de un naturalismo inquebrantable y de una perfeccionada perspectiva.

6. Piero della Francesca *(1416-1492)*
Visionario cuyas composiciones tienen una espiritualidad etérea, figuras bien modeladas y dominio de la perspectiva.

7. Botticelli *(1444-1510)*
Se dice que el gran maestro de las escenas mitológicas destruyó varias obras suyas en la Hoguera de las Vanidades *(p. 88)*.

8. Leonardo da Vinci *(1452-1519)*
Pintor, científico e inventor, siempre predispuesto a la experimentación.

9. Miguel Ángel *(1475-1564)*
A sus 20 años ya era un genio de la escultura.

10. Plautilla Nelli *(1524-1588)*
La florentina Nelli fue una pintora autodidacta. Está considerada una de las primeras artistas de la ciudad.

PUEBLOS Y CIUDADES

1 Cortona
📍 F4

Este antiguo asentamiento etrusco (*p. 50*) sobre el valle de Chiana está lleno de tumbas antiguas y arte renacentista. Su centro se caracteriza por edificios de piedra y calles empinadas intercaladas con *piazzas*. En la parte alta de la ciudad están el santuario de Santa Margarita, la fortaleza Médicis, del siglo XVI, y hay varios miradores.

2 Pienza
📍 F4

La única localidad de diseño puramente renacentista (*p. 125*) la construyó Rossellino en el siglo XV por encargo del papa Pío II. La calle que rodea su perímetro ofrece vistas al verde paisaje. Hay tiendas especializadas en vinos toscanos, miel y el mejor queso *pecorino* (hecho con leche de oveja) de toda Italia.

3 Siena
📍 E4

Siena ha crecido hasta convertirse en una metrópolis de pequeño tamaño, sin perder por ello su ambiente de pueblo (*p. 100*). Sus palacios de piedra travertina, sus torres e iglesias ocupan

tres altas colinas en la estribación meridional de los montes de Chianti.

4 Volterra
📍 D4

La ciudad más alta de la Toscana (*p. 119*) cuenta entre sus habitantes con los mejores artesanos de alabastro del mundo. Sus empedradas callejuelas medievales ascienden hasta alcanzar una altura de 555 m por encima del valle. Fue una de las ciudades clave de

la confederación etrusca Dodecápolis *(p. 53)*. El museo *(p. 62)* está lleno de objetos desenterrados a medida que la erosión que está afectando a uno de los extremos de la ciudad va dejando al descubierto antiguas tumbas.

Paseando por las sinuosas calles de Montepulciano

5 San Gimignano
D3

El orgullo de esta población –Patrimonio de la Humanidad de la Unesco y el prototipo de pueblo toscano entre colinas– lo constituye un conjunto de 14 torres de piedra que parecen brotar de los tejados de terracota. El pueblo *(p. 32)* está rodeado por tierras de cultivo y viñedos, que producen el mejor vino blanco con denominación de origen de la Toscana.

6 Montalcino
E4

Montalcino *(p. 125)* se alza orgulloso en lo alto del valle. Fue el último bastión de Siena frente al dominio florentino. Una fortaleza del siglo XIV domina la cima de la colina. En la actualidad es un lugar donde degustar el Brunello o vino local, el tinto con mayor cuerpo de la Toscana.

7 Montepulciano
F4

Colina arriba, desde la puerta Médicis hasta la Piazza Grande, se hallan el Palazzo Communale, diseño de Michelozzo, y el Duomo. En su calle principal se alinean varios *palazzi*, cafés del XIX y tiendas de vinos que ofrecen catas gratuitas de *grappa* y Vino Nobile. También se pueden visitar las bodegas situadas a las afueras *(p. 124)*.

8 Massa Marittima
D4

La ciudad vieja *(p. 118)* tiene su centro en una plaza triangular donde se encuentran la catedral y el *palazzo* del Ayuntamiento. La ciudad nueva fue fundada en el siglo XIV por los conquistadores sieneses. Desde su fortaleza se disfruta de magníficas vistas. El Museo de Arte Sacro, en el complejo de San Pietro all'Orto, alberga la *Maestà* de Ambrogio Lorenzetti.

9 Pitigliano
F6

Pitigliano *(p. 131)* se encuentra en pleno corazón de la Alta Maremma, rodeada de valles y enterramientos. Acoge una comunidad judía históricamente importante. Está construida enteramente sobre roca; de hecho, resulta difícil diferenciar los salientes rocosos de los muros de las casas y el castillo.

10 Fiesole
E2

La ciudad romana de Florentia pretendía competir con Fiesole *(p. 95)*, situada en un alto. Fiesole tiene teatro romano, museos de arte y arqueología, veranos suaves y vistas de Florencia.

Edificios medievales levantados en las suaves laderas de Siena

VILLAS Y JARDINES

1 Villa Torrigiani

D2 · Via Gomberaio 3, Camigliano, Capannori · Mar-nov: 10.00-13.00 y 14.30-18.00 diario (dic-feb: hasta 18.30)

Dos grandiosos flancos de cipreses anuncian esta villa renacentista y sus jardines. En la primera mitad del siglo XVII, el marqués Nicolao Santini la reconstruyó para crear esta majestuosa finca. Los jardines se inspiraron en los del Palacio de Versalles y están decorados con parterres de flores, grutas y un estanque donde se refleja la fachada.

2 Villa Poggio a Caiano

Giuliano da Sangallo reformó, en 1480, su gran villa Médici *(p. 96)* para Lorenzo el Magnífico. Hasta entonces, las casas de campo estaban fortificadas

y las habitaciones daban a un patio interior. El diseño de Sangallo fue revolucionario, con habitaciones que daban al campo y un salón central decorado con frescos. La sala de baile está decorada con pinturas manieristas de Pontormo, Andrea del Sarto, Filippino Lippi y Alessandro Allori. Francisco I y su segunda esposa murieron aquí en el año 1587, aparentemente envenenados.

3 Villa di Castello

E2 · Via di Castello 44, Sesto Fiorentino · 055 452 691 · Los horarios varían, llamar antes

Cosme I encargó al artista manierista italiano Tribolo el diseño de estos jardines en 1541, una combinación de setos, bosques y estatuas. La villa alberga la prestigiosa Accademia della Crusca, sociedad lingüística italiana.

4 Villa Vignamaggio

E3 · Vignamaggio, Greve · Los horarios varían, consultar la página web · vignamaggio.com

Esta villa renacentista del siglo XIV, rodeada de jardines y viñedos, fue construida por la familia Gherardini. Aquí fue donde nació la verdadera Mona Lina (1479), representada en el famoso óleo de Leonardo da Vinci, y donde Kenneth Branagh rodó la película *Mucho ruido y pocas nueces* (1993).

La hermosa fachada de
la Villa Torrigiani

5 Villa Demidoff

Buontalenti diseñó el vasto parque Pratolino (*p. 96*) para Francisco I de Médicis (1568-1581). Fue creado para Bianca Cappello, amante de Francesco, y sirvió de escenario para su boda en 1579. Las obras hidráulicas están en mal estado desde hace mucho tiempo (la villa fue demolida en 1824); sin embargo, lo que queda sigue siendo espectacular, en especial el Coloso de los Apeninos surgiendo de un estanque.

6 Villa di Artimino "La Ferdinanda"

📍 D3 🏠 Artimino, Carmignano
📞 055 875 141 🏛 Casa: solo previa cita

Diseñada en el siglo XVI para Fernando I por Buontalenti, probablemente como pabellón de caza de invierno. Los visitantes pueden pasar la noche y se está construyendo un centro de bienestar.

7 Villa Reale di Marlia

📍 D2 🏠 Marlia, Capannori
🕐 Mar-oct: 10.00-18.00 diario
🌐 villarealedimarlia.it 🎟

Esta villa del siglo XVI fue completamente remodelada por Elisa Baciocchi, princesa de Lucca y hermana de Napoleón, para adaptarla a sus gustos decimonónicos. El Museo Villa Reale y el Museo Palazzina dell'Orologio recorren la historia de la villa y de sus diversos estilos arquitectónicos.

8 Villa Mansi

📍 D2 🏠 Segromigno in Monte
📞 0583 920 234 🕐 Abr-oct: 14.00-18.00 lu-vi

Esta imponente villa salpicada de estatuas del siglo XVI tiene frescos mitológicos de finales del siglo XVIII. En la parte oriental de la villa han sobrevivido los jardines barrocos, que fueron diseñados por Juvarra; el resto se transformó en un parque inglés en el siglo XIX.

9 Villa Medicea di Cerreto Guidi

📍 D3 🏠 Via Ponti Medicei 7, Cerreto Guidi 🕐 8.30-17.:30 ma-do
🌐 villegiardinimedicei.it

Esta hermosa villa, situada cerca de la capital medieval de la región de Mugello, se construyó a mediados del siglo XVI como pabellón de caza para la familia Médicis. Hoy alberga el fascinante Museo de Caza y una galería de arte.

10 Villa Garzoni

📍 D2 🏠 Collodi 🕐 Los horarios varían, consultar la página web
🌐 pinocchio.it 🎟

Esta villa del siglo XVII, antiguo símbolo del poder de la familia Garzoni, se alza sobre una colina frente a la localidad de Collodi. La villa es conocida por su hermoso jardín abancalado en estilos renacentista y barroco, que se extiende por la ladera.

Elegante jardín abancalado de la Villa Garzoni

ACTIVIDADES AL AIRE LIBRE

**Pedaleando por uno de los
preciosos valles de la Toscana**

1 Ciclismo

Con sus carreteras sinuosas y arboladas, la Toscana es perfecta para pedalear. Algunas de las rutas más pintorescas se hallan en Chianti, entre viñedos, donde se ofrecen catas. Las principales ciudades disponen de sistemas de bicicletas compartidas y resultan atractivas, como las murallas de Lucca (p. 54).

2 Esquí

La Toscana tal vez sea más conocida por sus ondulantes colinas que por sus laderas nevadas, pero en invierno las cumbres de Abetone (abetone.com) se llenan de nieve. Esta estación de esquí en los Apeninos ofrece panorámicas rutas de travesía y exigentes descensos.

3 Observación de fauna

Gracias a sus sembrados, humedales y parques nacionales, la Toscana es un paraíso para los amantes de la fauna. El Parco Regionale della Maremmma (p. 134) da refugio a más de 250 especies de aves, y el valle del Casentino sirve de hábitat a la curruca cabecinegra.

4 Playas

Con islas idílicas y 400 km de litoral, la Toscana es ideal para disfrutar de la playa. Quienes prefieran los complejos costeros pueden acudir a Forte dei Marmi (p. 115) y Viareggio (p. 113), con playas de arena fina. La costa etrusca, con arenas bordeadas de bosque, resulta más salvaje.

5 Manantiales termales

Los etruscos ya disfrutaban de las revitalizantes aguas de la Toscana. Entre sus numerosos manantiales termales destacan los de Saturnia (p. 132). Para disfrutar de una experiencia única, nada mejor que las saunas en las cuevas de Monsummano Terme (p. 114).

6 Senderismo

Un cuarto del paisaje toscano está cubierto de montañas, lagos, colinas y costa, lo que convierte esta región en un destino perfecto para recorrer a pie. Se pueden realizar desde ascensiones exigentes en los montes Apeninos hasta paseos sencillos como el que une Florencia y Fiesole (p. 95).

7 Deportes acuáticos
Para contemplar Florencia desde otra perspectiva se puede alquilar un kayak o una tabla de paddle surf y remar por el Arno. La costa también ofrece opciones para disfrutar del agua, desde windsurf en Elba (*p. 134*) hasta esnórquel alrededor de Monte Argentario (*p. 131*).

8 Época de cosecha
Resulta muy especial recorrer los viñedos y olivares de la Toscana durante el otoño, en la época de recolección. En las colinas de Chianti existen infinidad de *agriturismi* (pequeñas granjas) y viñedos (*p. 48*).

9 Golf
La llana zona de marisma situada al sur de la Toscana resulta perfecta para los campos de golf. Existen numerosos hoteles y clubes con excelentes instalaciones; dos de los más prestigiosos son Argentario Golf Club (*p. 134*) en Maremma y Punta Ala (*p. 134*).

10 Navegación
No hay nada como sentir la fresca brisa del mar mientras se navega junto a la costa. Se pueden alquilar barcos en Porto Azzurro y Narengo en Elba (*p. 134*). Hay una escuela náutica en Marina del Campo.

**Remando por el Arno,
en Florencia**

TOP 10
PLAYAS BONITAS

1. Forte dei Marmi
Complejo costero (*p. 115*) donde pasan el mes de agosto muchas familias florentinas.

2. Viareggio
Viareggio (*p. 113*), el vecino modesto de Forte dei Marmi, ofrece un largo tramo de arena y aguas poco profundas.

3. Marina di Alberese
🗺 D6
Salvaje, increíblemente hermosa y con aguas y arenas limpias. Se llega a pie a través de una reserva natural boscosa.

4. Cala Violina
🗺 D5
Esta playa, rodeada por el matorral mediterráneo de la reserva natural de Scarlino, ofrece arenas doradas y aguas color turquesa.

5. Spiaggia delle Cannelle
🗺 D6
Sus aguas cristalinas y arena blanca convierten esta playa en uno de los destinos favoritos en la isla de Giglio.

6. Cala del Gesso
🗺 E6
Un rincón paradisíaco cerca de Porto Santo Stefano, en Argentario. Aguas tranquilas y pequeños guijarros.

7. Spiaggia di Capo Bianco
🗺 C5
Esta playa, rodeada de impresionantes acantilados blancos, está cerca del puerto principal de Portoferraio, en la isla de Elba.

8. Cavoli
🗺 C5
La larga playa en Elba, de aguas turquesas y arena fina, es impresionante.

9. Calamoresca
🗺 C5
Esta pequeña y pintoresca bahía con pozas de roca está próxima a Piombino. Perfecta para familias.

10. Castiglioncello
🗺 C4
Esta playa es una de las más encantadoras de la Toscana. En la principal línea ferroviaria desde Pisa.

FLORENCIA Y LA TOSCANA EN FAMILIA

Escaleras de caracol
del Campanile de Florencia

**1 Subida a las torres
y cúpulas**
La Toscana ofrece a los niños multitud de miradores con magníficas vistas, desde la cúpula del Duomo de Florencia hasta los numerosos campanarios que hay por toda la región, a los que a menudo se accede por estrechas escaleras.

2 Explorar tumbas
Recorrer los pasadizos y las tumbas de antiguos asentamientos etruscos puede ser una aventura. Los mejores están en la Maremma, en Sorano (*p. 133*), Sovana (*p. 132*) y Pitigliano (*p. 131*) y también cerca de Chiusi (*p. 126*).

3 Parco di Pinocchio, Collodi
🗺 D2 🚗 Junto a la S435 fuera de Collodi 🕐 Los horarios varían, consultar la página web 🌐 pinocchio.it/en/orari-parco ♿
El pueblo natal del autor de *Pinocchio*, Carlo Collodi Lorenzini, tiene un parque temático en su honor.

4 La vida en la corte
🗺 N4 🌐 italy-museum.com/florence/guided-tour-palazzo-vecchio-children
La visita guiada al Palazzo Vecchio (*p. 89*) lleva a los niños por una puerta secreta a los aposentos de los Médicis y sus 11 hijos. Para asomarse a la vida de los nobles disfrazado de duque.

5 Manantial de Saturnia
Este manantial es ideal para relajarse en su arroyo de templadas aguas sulfurosas mientras los niños chapotean y hacen amistad con otros (*p. 132*). Hay que tener cuidado con la parte alta del río; las corrientes son fuertes.

6 San Gimignano
El pueblo de las torres (*p. 32*) es impresionante: una villa medieval con atalayas, estrechos pasadizos y una fortaleza en ruinas donde los niños pueden corretear a placer.

7 La Specola, Florencia
🗺 L6 🚗 Via Romana 17
🕐 9.00-17.00 ma-do 🌐 sma.unifi.it
Ubicado en el Palazzo Rottigiani, el museo de historia natural y ciencia más antiguo de Florencia reabrió a principios de 2024 tras una profunda restauración. Incluye amplias colecciones de animales disecados y minerales, un taller de modelos anatómicos en cera y una sala con esqueletos.

8 Museo Stibbert, Florencia

Este museo privado *(p. 90)* con una colección de armaduras fue fundado por Frederick Stibbert, coleccionista de arte. Las armas florentinas del siglo XVI están colocadas como un ejército a caballo dispuesto para la batalla.

9 Giardino dei Tarocchi

📍 E6 🏠 Garavicchio di Capalbio
🕐 Abr-med oct: 14.30-19.30 diario
🌐 giardinodeitarocchi.it 🔗

Este peculiar jardín de esculturas está lleno de imágenes de las cartas del tarot decoradas con mosaicos al estilo de Gaudí. Entre las esculturas se incluye *La torre*, una construcción de tres alturas cubierta con trozos de espejo. Las obras son del artista francoestadounidense Niki de Saint Phalle, fallecido en 2002.

10 Pedalear por las murallas de Lucca

En Lucca se puede pedalear por el sendero que avanza entre árboles sobre las enormes murallas del siglo XVI *(p. 54)*, contemplando preciosos jardines. En la plaza se encuentran tiendas que alquilan bicicletas.

Recorriendo las calles de Lucca en bicicleta

TOP 10
CONSEJOS PARA FAMILIAS

Vistas desde el Duomo de Florencia

1. Descuentos
Hay descuentos *(ridotti)* para estudiantes y jóvenes menores de 18 años. La entrada puede ser gratuita para niños de menos de 6, 12 o 18 años (sobre todo ciudadanos de la UE).

2. Almuerzos al aire libre
Florencia ofrece lugares encantadores para comer al aire libre.

3. Medias raciones
Una *mezza porzione* es ideal para los niños y ahorran dinero.

4. Compartir habitación
Una cama supletoria aumenta el precio de la habitación en solo un 35 %, menos aún si se trata de una cuna.

5. Alojarse en un único sitio
Alojarse en un solo hotel o apartamento como base y hacer excursiones de un día es más llevadero para los niños.

6. Descuentos en tren
Tanto Italo como la compañía ferroviaria estatal ofrecen descuentos para familias. Se ahorra más si se reserva con tres meses de antelación.

7. Alquiler de coches
Alquilar un coche suele salir más barato que cuatro billetes de tren.

8. Tomar un helado
Los niños agradecen tomar un helado.

9 Dormir la siesta
Hay que aprovechar las primeras horas de la tarde para echar una siesta.

10 Buena acogida
Hablar un poco de italiano es una buena manera de romper el hielo.

BODEGAS

1 Castello di Brolio (Chianti)
La bodega que elaboró el Chianti clásico ha vuelto a manos de los Ricasoli tras ser propiedad durante varios años de Seagram. En el siglo XIX el Barón de Hierro Bettino Ricasoli perfeccionó aquí la fórmula *(p. 48)*.

2 Avignonesi (Montepulciano)
⑨ F4 ⌂ Via Colonica 1, Valiano di Montepulciano
🌐 avignonesi.it
Los hermanos Falvo contribuyeron decisivamente en la década de 1990 a aumentar la calidad y el prestigio del Vino Nobile. Estas grandes bodegas producen también caldos a partir de uvas *cabernet* y *merlot*, así como el mejor Vin Santo de toda la Toscana. Tienen una sala de degustación (gratuita) en Montepulciano.

3 Antinori (Chianti)
Los marqueses de Antinori llevan fabricando vino desde 1385, con una producción anual de más de 15 millones de botellas de algunos caldos de gran renombre. Se pueden probar en su Cantinetta Antinori, en Florencia *(p. 93)*.

4 Monsanto (Chianti)
Esta propiedad *(p. 48)*, con magníficos viñedos y una bodega de crianza, ofrece vinos con cuerpo. Fue la primera en elaborar, en 1968, un Chianti monovarietal *(cru)* y otro con uva *sangiovese*.

5 Poggio Antico (Montalcino)
⑨ E4 🌐 poggioantico.com ⊠
Sencillas bodegas en Montalcino que producen un aterciopelado Brunello, premiado constantemente. Ofrecen visitas guiadas a las bodegas.

6 Gattavecchi (Montepulciano)
⑨ F4 ⌂ Via di Collazzi 74
🌐 gattavecchi.it
El mejor productor de Vino Nobile tiene sus bodegas en las grutas excavadas bajo la iglesia adyacente. El caldo más preciado es el Riserva dei Padri Serviti.

7 Marchesi de' Frescobaldi (Chianti Rufina/Montalcino)
⑨ E4 🌐 frescobaldi.it
Los marqueses de Frescobaldi han sido viticultores durante 30 generaciones (Enrique VIII de Inglaterra siempre

El castillo y los viñedos de Castello di Brolio

tenía botellas en reserva). Sus bodegas fueron pioneras en la experimentación con uvas no autóctonas (*cabernet sauvignon, chardonnay, merlot, pinot*). Pueden visitarse varias de ellas.

8 Fonterutoli (Chianti)
Bodegas de gran prestigio (*p. 48*) gestionadas por la familia Mazzei desde 1435 y construidas en torno a un pueblo medieval. En la *osteria* hay un bar donde degustar los vinos. Algunas de sus últimas cosechas de Chianti, Siepi y Brancaia se cuentan entre las mejores de Italia.

9 Tenuta di Capezzana (Carmignano)
🅓 D2 🅒 Catas: 10.30-15.00 lu-vi 10.00-15.30 sá y do 🅦 capezzana.it
Estos viñedos existen desde el año 804. Capezzana creó la denominación de origen (DOC) Carmignano, añadiendo un 15 % de uva *cabernet* a la *sangiovese*. También produce un rosado llamado Vino Ruspo. Para las catas, hay que reservar con antelación.

10 Banfi (Montalcino)
🅔 E4 🅒 0577 840 111
🅦 banfi.it 🅒
Bodegas de gran tamaño fundadas en 1978. Producen vinos perfectos y grandes cantidades de Brunello *riserva*. Cuentan con una gran tienda, una enoteca y un pequeño museo del vino y del vidrio.

Barricas de vino en la bodega de Montalcino

TOP 10
VARIEDADES DE VINO TOSCANAS

Cata de Sassicaia di Bolgheri

1. Chianti Classico y Chianti Classico Gran Selezione
Los tintos más famosos de Italia y también los Chianti de mejor calidad.

2. Brunello di Montalcino
Un tinto muy sabroso elaborado solo con uva de la variedad *sangiovese grosso*.

3. Vino Nobile di Montepulciano
Menos complejo pero más versátil que el Brunello. Similar al Chianti, con dominio de la viariedad *prugnolo*.

4. Vernaccia di San Gimignano
El único blanco de la Toscana con DOCG. Color miel y suaves toques afrutados.

5. Sassicaia di Bolgheri
Complejo, de largo sabor en boca. Uva *cabernet sauvignon*.

6. Tignanello
Vino complejo y con cuerpo, hecho con uvas *sangiovese* (80 %), *cabernet sauvignon* (15 %) y *cabernet franc* (5 %).

7. Chianti Rufina
Vino estructurado con base de *sangiovese* de la zona más famosa de Chianti.

8. Carmignano
Una de las regiones oficiales más antiguas (1716), cerca de Prato. Chianti mezclado con *cabernet*.

9. Morellino di Scansano
Tinto con DOCG Maremma. 85-100 % de variedad *morellino* (*sangiovese*).

10 Vin Santo
Vino dulce de postre hecho con uvas semipasas. Envejecido en barrica de roble.

COMIDA LOCAL

1 Gelato
El *gelato* se prepara en toda Italia, pero los florentinos aseguran que este postre –espeso, cremoso y batido lentamente– nació en su ciudad. Se cuenta que el arquitecto Bernardo Buontalenti inventó este nuevo postre en 1559 para un banquete en la corte de los Médicis. Para disfrutar del mejor *gelato*, conviene optar por locales auténticos como Gelateria dei Neri *(p. 89)*.

2 Lampredotto
Este plato tradicional, una especialidad florentina que no gusta a todo el mundo, se elabora con el cuarto estómago de la vaca. Al contrario que los callos elaborados en otras zonas de Italia, se cocina lentamente con tomate, cebolla y hierbas, y se sirve en un bocadillo. Lo mejor es probarlo en un puesto callejero, un mercado o una *trattoria*.

3 Cantucci
También conocidas como *biscotti*, estas galletas de textura dura y rellenas de almendras datan del periodo romano, cuando servían de sustento a los viajeros en trayectos largos. En 1867, el panadero Antonio Mattei, natural de Prato, las lanzó a la fama llevándolas a la Exposición Universal de París; su emblemática panadería *(p. 97)* aún existe. Mojadas en Vin Santo resultan una delicia para después de la cena.

4 Schiacciata
De origen antiguo, este pan plano aderezado con aceite de oliva y sal marina es la versión toscana de la *focaccia*. Dependiendo de la zona de la Toscana en la que se esté, se encuentran distintas versiones: unas más delgadas y crujientes, otras más suaves y esponjosas. Todas ellas se rellenan con embutidos y quesos.

5 Torta della Nonna
La tarta de la abuela, uno de los dulces favoritos en panaderías y *pasticcerie*, es sencilla pero deliciosa. Sobre una base de masa quebrada, se añade una capa de crema pastelera, almendras fileteadas y azúcar glas.

6 Ragù di Cinghiale
El ragú de jabalí es una especialidad de Chianti, que se sirve en muchas *trattorias* y *osterie* rurales. La carne de jabalí es dura y se cocina lentamente con vino tinto, tomate y cebolla hasta que queda tierna. Se sirve con anchos *pappardelle* y mucho queso parmesano.

7 Bistecca Fiorentina
Se cree que la palabra *bistecca* –que denomina un chuletón– surgió en 1565 de la adaptación del inglés *beef steak*. Al parecer, el término lo introdujeron unos caballeros ingleses que pasaron por Florencia durante la celebración

Visitando la Gelateria dei Neri, una de las mejores *gelaterie* de Florencia

de una boda en la que se estaba asando un buey. La verdadera *bistecca allá fiorentina* (chuletón a la florentina) procede de la raza chianina y se sirve poco hecha.

8 Gnudi
Estas delicadas bolitas parecidas a los ñoquis son una especialidad de Siena. Elaboradas con ricota, espinacas, hierbas aromáticas y un poco de sémola, son como el relleno de los raviolis pero sin la pasta exterior. Resultan más ligeras y esponjosas que los clásicos ñoquis y lo ideal es tomarlas con mantequilla de salvia y un poco de queso.

9 Cinque e cinque
En Livorno, el *cinque e cinque* es un popular bocadillo relleno con *torta di ceci*, una deliciosa torta de garbanzos típica de la costa tirrena. Su nombre, cinco y cinco, procede de la década de 1930, cuando los trabajadores pedían para almorzar cinco liras de *focaccia* y cinco liras de torta de garbanzos.

10 Panzanella
Este es el plato del verano en toda la Toscana. Se trata de una ensalada elaborada tradicionalmente con pan del día anterior, que se remoja en agua y se mezcla con tomates recién cogidos, albahaca y las verduras y hierbas de la temporada.

Panzanella, servida fría y con un chorro de aceite de oliva

TOP 10
BEBIDAS TOSCANAS

Un tradicional *cioccolata calda*

1. Negroni
Esta combinación de ginebra, Campari y vermú, supuestamente inventada por el conde Negroni en Florencia en 1919, es sinónimo de la ciudad.

2. Espresso
Tomado normalmente de pie en un bar, el expreso es el típico comienzo del día.

3. Ponch
Esta combinación de ron, café caliente, cáscara de naranja y azúcar es una bebida típica de Livorno y se cree que deriva del ponche inglés.

4. Shakerato
Espumoso café con hielo que suele servirse en vaso de martini.

5. Cioccolata Calda
Espeso chocolate caliente que se toma en los fríos meses de invierno.

6. Amaro
Significa amargo y es el perfecto digestivo para después de comer.

7. Vin Santo
Este vino dulce toscano es ideal para acompañar unas galletas *cantucci*.

8. Alchermes
Este licor toscano de color rosado, al parecer nacido en los monasterios del siglo XIV, se emplea en postres y cócteles.

9. Bombardino
Popular en la localidad de Abetone, esta bebida parecida al ponche de huevo es ideal para entrar en calor en las montañas.

10. Spremuta
Bebida elaborada con naranjas y limones recién exprimidos.

FLORENCIA Y LA TOSCANA DE NOCHE

1 Aperitivo
Este ritual italiano se extiende desde media tarde hasta primeras horas de la noche. En torno a las 17.00, los amigos se reúnen para tomar algo antes de cenar. Se suele beber de refrescos a vino, acompañados de aperitivos sencillos como aceitunas o más elaborados como bandejas de embutidos.

2 Puestas de sol
La región ofrece muchos lugares para disfrutar del atardecer. En las noches cálidas se suele subir a la Piazzale Michelangelo (*p. 90*) para ver cómo el sol se esconde tras los tejados de Florencia. También se puede acudir a un bar de azotea o disfrutar de las vistas desde localidades como Panzano in Chianti (*p. 47*).

3 Cines
Florencia ofrece una variada oferta para cinéfilos, con proyecciones al aire libre en los jardines Bardini y la Piazza Santa Maria Novella. También se pueden ver películas esotéricas en el Cinema Odeon (*giuntiodeon.it*).

4 Noches en museos
Los martes puede verse *El nacimiento de Venus* de Botticelli en los Uffizi (*p. 22*) hasta las 22.00, y los viernes se puede pasar la noche con el *David* en la Galleria Accademia (*p. 87*).

Los jueves, en el Palazzo Strozzi (*palazzostrozzi.org*), los amantes del arte moderno pueden tomar algo en el patio antes de asistir a los eventos de La *Strozzina*, la galería en la antigua bodega del palacio.

4 Bares de cócteles
Muchos bares de cócteles abren hasta la madrugada. Se puede optar por destinos elegantes como Locale (*localefirenze.it*) en Florencia y Sottopiazza (*p. 110*) en Arezzo, o relajados locales costeros como La Capannina (*p. 116*) en Forte dei Marmi.

5 Teatro
La ópera nació en Florencia durante el Renacimiento, y la ciudad aún conserva su reputación musical. Si se piensa visitar un teatro de ópera, que sea el Teatro Verdi (*teatroverdifirenze.it*), cuyos artistas llevan impresionando al público desde el siglo XIX. También se puede asistir a una obra de teatro en el Teatro Niccolini (*teatroniccolini.com*).

6 Música en directo
En las noches de verano es fácil encontrar buena música en directo. En Florencia intérpretes clásicos y músicos callejeros toman las plazas, mientras que Lucca ofrece un programa completo de actuaciones al aire libre (*luccasummerfestival.it*). En invierno

Una de las curiosas ventanas de vino de Florencia

se puede acudir a locales de jazz como un TUBO (*untubo.com/in*), en Siena.

7 Enotecas

Muchos de los mejores vinos italianos se producen en la Toscana, así que nunca se está lejos de un bar con las últimas cosechas. Florencia alberga magníficos locales que apuestan por los productores italianos, y también cuenta con las ventanas del vino, unos pequeños vanos en los muros por los que se sirven copas de vino. Fuera de la ciudad hay bares animados como Enoteca Baldi (*p. 98*) y joyas escondidas como D! Vineria (*p. 122*).

9 Cultura LGTBIQ+

Florencia concentra el mayor número de bares LGTBIQ+ de toda la Toscana; los más populares –de Piccolo Café (*Borgo Santa Croce 23*) a Queer (*Borgo Allegri 9r*)– están alrededor de Santa Croce. Pisa también alberga magníficos locales para homosexuales, al igual que la localidad costera de Viareggio, donde se halla Mamamia (*mamamia.tv*).

10 Discotecas

En la Toscana no hay escasez de lugares para bailar toda la noche. Prato es conocida por sus almacenes transformados en discotecas, como Capanno Blackout (*capanno17.it*), y la localidad costera de Forte dei Marmi cuenta con clubes de playa que abren día y noche. El ocio nocturno florentino está en constante evolución; locales Yab (*yab.it*) ofrecen una gran variedad de música.

Actuación en el Lucca Summer Festival de 2022

TOP 10
BARES DE FLORENCIA

1. Locale
P3 ⬚ Via delle Seggiole 12r
Ubicado en un palacio renacentista con mazmorras medievales. De visita obligada para los amantes de los cócteles.

2. Procacci
M3 ⬚ Via de' Tornabuoni 64r
procacci1885.it
El champán y las trufas están a la orden del día en este elegante y sofisticado local.

3. La Terrazza
Este bar de hotel (*p. 92*) ofrece una magnífica carta de vinos internacionales.

4. Volpe e L'Uva
Esta joya (*p. 92*) dispone de una impresionante carta de vinos centrada en los pequeños productores.

5. Enoteca Spontanea
L5 ⬚ Via Maggio 61r
Este local con vinos naturales está causando sensación entre los florentinos más modernos.

6. Il Santino
L4 ⬚ Via Santo Spirito 60r
Para disfrutar de una gran selección de vinos italianos y unas lonchas de *prosciutto* en un par de mesas colocadas en la calle.

7. Gucci Giardino 25
N4 ⬚ Piazza della Signoria 37r
gucciosteria.comk
Este elegante bar, sucursal del restaurante galardonado por Michelin Gucci Osteria, es el lugar para ver y ser visto.

8. Gunè
J4 ⬚ Via del Drago d'Oro 1/3r
gunesanfrediano.it
Los cócteles experimentales, las tapas y la buena música diferencian a este bar de cócteles en Oltrarno.

9. The Atrium Bar
Q1 ⬚ Borgo Pinti 99 ⬚ four seasons.com
Para degustar un Negroni y escuchar jazz en directo en un magnífico entorno *art déco*.

10. La Cité Libreria Café
Este local (*p. 92*) es una librería de día y un elegante bar por la noche.

LA TOSCANA GRATIS

1 Primer domingo en los museos estatales

Con el programa #Domenicalmuseo, los museos estatales y los yacimientos arqueológicos de la Toscana son gratis el primer domingo del mes. Entre ellos se incluyen los Uffizi (p. 22) y la Galleria dell'Accademia (p. 87) de Florencia, los frescos de Piero della Francesca en Arezzo (p. 61) y el Museo Etrusco de Chiusi (p. 126).

2 Visitas guiadas gratuitas por Florencia

w freetourflorence.com

Los paseos gratuitos por Florencia parten a diario de la iglesia de Santa Maria Novella. En el trayecto matinal, los Médicis y sus palacios ocupan el primer plano, mientras que por la tarde se centran en la arquitectura renacentista y los mercados al aire libre. Aceptan donativos y es preciso reservar.

3 Termas de Saturnia

En las Cascate del Mulino los visitantes se bañan en pozas color azul cobalto de las que caen suaves cascadas, cuyas aguas termales aportan sulfuros y minerales a la piel. Estas termas al aire libre están abiertas todo el año (p. 132).

Disfrutando de las aguas termales en las pozas de roca de Saturnia

4 Obras maestras en las iglesias toscanas

Algunas de las obras de arte más preciadas de Italia están en las iglesias toscanas. La pequeña iglesia de Sant'Andrea en Pistoia alberga un púlpito de piedra labrado en 1301 por Giovanni Pisano. Y la asombrosa catedral de Pienza (p. 61) es una de las pocas del país cuyo retablo original de pan de oro no ha sido trasladado a un museo.

5 Canto gregoriano

En la iglesia de San Miniato al Monte de Florencia (p. 58) y en la abadía románica de Sant'Antimo (p. 125), cerca de Montalcino, los monjes celebran misa cantada a diario. Los horarios se pueden consultar en las oficinas de turismo.

6 Ruta de peregrinación

w viefrancigene.org/en

La Via Francigena era la ruta medieval de peregrinación entre Canterbury y Roma. Gran parte del recorrido por la Toscana está señalizado para los caminantes del siglo XXI. El tramo de 30 km entre San Gimignano y Monteriggioni son de los más bellos. El sitio web incluye mapas descargables.

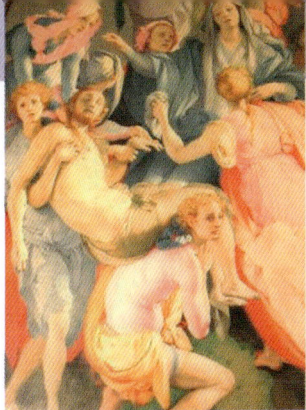

El descendimiento de la cruz, obra del artista manierista Pontormo

7 Obras maestras manieristas

Los grandes nombres del estilo surgido en torno a Miguel Ángel (Andrea del Sarto, Pontormo y Rosso Fiorentino) eran todos florentinos. Sus obras se reparten por las iglesias y claustros de la ciudad, como Santissima Annunziata *(p. 58)*, Santa Felicità y Chiostro dello Scalzo.

8 Una ciudad con vistas

La magnífica ubicación del asentamiento etrusco de Fiesole permite contemplar Florencia. El pequeño mirador que hay en la carretera al monasterio de San Francesco es ideal para fotografiar la ciudad y las colinas de Chianti a lo lejos.

9 Abbazia di Monte Oliveto Maggiore

El gran claustro de este monasterio *(p. 126)* luce más de 30 paneles pintados por los artistas renacentistas Luca Signorelli y Sodoma. El trayecto en coche hasta él por el paisaje casi irreal de Crete Senesi es un clásico toscano.

10 Archivio di Stato di Siena

Desde mediados del siglo XIII hasta principios del siglo XVIII, el Gobierno local de Siena encargó ilustraciones para las cubiertas de los archivos municipales, que a menudo realizaron grandes artistas como Ambrogio Lorenzetti y Sano di Pietro. Estas Tavolette di Biccherna se ven en la visita guiada al Archivio di Stato o archivo estatal *(p. 103)*.

TOP 10
A BUEN PRECIO

1. Un helado resulta más económico y refrescante que un postre.

2. En los bares y cafeterías, el *caffè al banco* (en la barra) cuesta menos que el *caffè al tavolo* (en una mesa).

3. De 19.00 a 21.00 se suelen ofrecer bufés libres de aperitivos. Se puede pedir una bebida y picotear de la amplia selección, en lugar de cenar. Los vinos de la casa que sirven las *trattorias* suelen ser buenos, económicos y locales.

4. Los puestos callejeros ofrecen especialidades locales y productos frescos a precios asequibles. También se puede almorzar en mercados populares como el de Sant'Ambrogio *(mercatosantambrogio.it)* o el Mercado Central *(mercatocentrale.it/firenze)*, en Florencia.

5. Al buscar alojamiento, se puede regatear con los hoteles por correo electrónico. Reservar directamente con ellos les ahorra comisiones.

6. Se puede conseguir alojamiento a buen precio en las zonas menos turísticas (como los alrededores de la estación de Florencia), albergues o monasterios.

7. Los visitantes de países que no pertenezcan a la UE pueden solicitar la devolución del 22 % de IVA en sus compras. La cantidad mínima para solicitar la devolución es de 155 € en una misma tienda *(p. 145)*, por tanto mejor comprar en un gran almacén.

8. La temporada baja es de mediados de octubre a marzo. Los billetes de avión y hoteles resultan más baratos, pero los complejos costeros están vacíos.

9. Los trayectos largos en tren resultan más económicos si se reservan con 90-120 días de antelación.

10. Muchos museos organizan charlas gratuitas por las tardes, por ejemplo, el Palazzo Strozzi *(strozzina.org)* los jueves y el British Institute *(britishinstitute.it)* los miércoles.

FESTIVALES

1 Carnaval de Viareggio
Martes de Carnaval y fines de semana de Cuaresma

El Carnaval de Viareggio es uno de los más famosos de Italia debido a sus elaboradas y satíricas carrozas. Por todas partes tienen lugar pequeñas celebraciones de carnaval.

2 Scoppio del Carro, Florencia
Domingo de Pascua

Bueyes blancos tiran de un carro cargado de fuegos artificiales desde las puertas del Paraíso del baptisterio hasta el Duomo. Durante la misa de Pascua, una paloma mecánica desciende por la nave y atraviesa la puerta para encender el carro en una explosión de ruido y color.

3 Muestra del cíngulo de la Virgen, Prato
Semana Santa, 1 may, 15 ago, 8 sep, 25 dic

Peregrinos de toda Italia acuden a Prato para contemplar el cíngulo de la Virgen, una preciada reliquia que se guarda en el Duomo, en la plaza mayor. En el momento de su asunción, la Virgen dejó caer desde el cielo el cordón anudado que le servía de cinturón, el cual llegó a las manos de Tomás. Según la leyenda, el cinturón lo heredó una mujer de Jerusalén que se casó con un hombre de Prato, quien lo trajo a la ciudad en el siglo XII. Más tarde se guardó en un relicario de cristal y oro en el Duomo. Cinco veces al año, el obispo lo muestra en la plaza y en la iglesia y deja que los fieles lo besen. A continuación, se celebra una procesión encabezada por músicos ataviados con trajes renacentistas.

4 Maggio Musicale y Estate Fiesolana
Abr-sep

Entre abril y junio, el Maggio Musicale (*maggiofiorentino.com*) trae conciertos, obras y recitales a los teatros, iglesias y espacios públicos de Florencia. De junio a septiembre, el Estate Fiesolana (*bitconcerti.it/estatefiesolana*) acoge eventos de artes escénicas en Fiesole; los mejores son los que se celebran bajo las estrellas en el antiguo teatro romano, en lo alto de la ciudad.

5 Calcio Storico, Florencia
16-29 jun

Es un fútbol sin reglas que juegan cuatro vecindarios tradicionales de Florencia. Este rudo partido en el que los jugadores visten trajes renacentistas suele disputarse en la polvorienta

**Tamborileros en el festival
Calcio Storico de Florencia**

Piazza Santa Croce. Los partidos de años pasados tenían lugar en la Piazza della Signoria o en los jardines Boboli.

6 Gioco del Ponte, Pisa
Último fin de semana jun

Los pisanos de ambas orillas del Arno siempre han sido rivales. Durante este festival, representan esta rivalidad y se enfrentan vistiéndose con trajes renacentistas y escenificando un tira y afloja inverso en el Ponte di Mezzo, puente más antiguo de Pisa, donde empujan un carro gigante de plomo hacia el lado del otro equipo.

7 Palio, Siena
2 jul, 16 ago

El Palio es el famoso acontecimiento ecuestre bianual de Siena, que los defensores de los derechos de los animales abogan por abolir. Se celebra desde la Edad Media y consiste en una carrera de caballos a pelo por el Campo. Los festejos duran una semana. El día de la carrera es posible situarse

gratuitamente en el centro del Campo o comprar una entrada (con meses de antelación) en cualquier negocio de la plaza. Vale la pena disfrutar de la pompa y de los *sbandieratori* (lanzadores de banderas), antes de contemplar la trepidante carrera de 90 segundos.

8 Bravio delle Botti, Montepulciano
Último do ago

Tras una semana de pompa medieval, festividades y festines, los equipos de dos personas disfrazadas de los ocho barrios de la ciudad demuestran su destreza en las carreras haciendo rodar pesados barriles por la serpenteante y empinada calle principal de esta ciudad de colinas hasta la *piazza* de la cima.

9 Florence Queer Festival
Med oct

El Florence Queer Festival se ha convertido en uno de los festivales LGTBIQ+ más importantes de Italia. Se dedica a promover la cultura LGTBIQ+ a través del cine, el vídeo, el teatro, la fotografía y la literatura.

10 Sagra del Tordo, Montalcino
Último fin de semana oct

Antiguas tradiciones de caza y festival gastronómico en la *fortezza* medieval, con tordos asados, polenta y vino Brunello.

Coloridas carrozas y participantes en el Carnaval de Viareggio

RECORRIDOS

Cenando al aire libre en Siena

FLORENCIA

Florencia es la cuna del Renacimiento, la ciudad del *David* de Miguel Ángel y *El nacimiento de Venus* de Botticelli. Fue aquí donde la lengua italiana se normalizó y donde nació su literatura con Dante. En Florencia gobernaron los Médicis, príncipes ilustrados, y promovieron las artes: Lorenzo el Magnífico animó a Miguel Ángel a realizar sus primeras esculturas y Cosme II protegió a Galileo de la Inquisición. Hoy su casco histórico es Patrimonio de la Humanidad de la Unesco. Otras delicias para los sentidos son el vecindario medieval donde nació Dante, el barrio de artesanos, Oltrarno, y los extensos jardines Boboli.

❶ Imprescindible
p. 87

① Dónde comer
p. 93

① Compras
p. 91

① Y además...
p. 90

① Cafés y bares
p. 92

Para alojamientos en la zona, ver p. 146

Las galerías del museo a ambos lados de la Piazzale degli Uffizi

1 Los Uffizi
Los Uffizi *(p. 22)* son la mayor colección de arte renacentista del mundo, un auténtico tratado de la historia del arte de Occidente. Desde Giotto y Botticelli hasta Leonardo, Tiziano, Caravaggio y Gentileschi, pasando por Miguel Ángel y Rafael.

2 Duomo
El corazón religioso de Florencia cuenta con el campanario de Giotto, las deslumbrantes puertas del Paraíso del baptisterio y las esculturas del Duomo, todo coronado por la cúpula de Brunelleschi *(p. 26)*, un milagro de la ingeniería y la arquitectura renacentistas.

3 Galleria dell'Accademia
🗺 N1 🏛 Via Ricasoli 60 🕐 8.15-18.50 ma-do 🌐 galleriaaccade miafirenze.beniculturali.it 🔗

El *David* de Miguel Ángel se alza al final de un corredor, en el que también se encuentran los famosos *Esclavos.*

4 Palazzo Pitti
Esta mansión manierista *(p. 28)* sirvió de residencia real en Florencia entre 1560 y la década de 1860. Además de los jardines Boboli, en la parte posterior, el palacio incluye siete museos, entre ellos la Galleria Palatina, con pinturas del Renacimiento tardío y el Barroco.

Dorados y frescos en el interior del Palazzo Pitti

5 Ponte Vecchio

📍 M4/M5 🏛 Via Por S Maria/Via Guicciardini

Los comercios situados a ambos lados del puente viejo, diseñado por Gaddi en 1345, han estado en manos de orfebres desde que, en el siglo XVI, Fernando I expulsó de él a los carniceros. Los nazis volaron varios puentes de la ciudad durante su ocupación, pero, cautivados por la belleza de este, optaron por destruir en su lugar los edificios situados en sus dos extremos.

6 Santa Croce

📍 P4 🏛 Piazza S Croce 🕐 9.30–17.30 lu–sá, 12.30–17.45 do y festivos 🌐 santacroceopera.it ⬆

Contiene las tumbas de grandes hombres de la Toscana, como Miguel Ángel o Galileo, así como frescos de Giotto y una escuela de artesanía en piel (p. 91). Cerca de su claustro hay una capilla renacentista, diseñada por Brunelleschi y un pequeño museo con *La Última Cena*, de Taddeo Gaddi, y el *Crucificado*, de Cimabue, restaurado tras la inundación de 1966.

7 Il Bargello

📍 N4 🏛 Via del Proconsolo 4 🕐 8.15–13.50 mi–lu, 1.er, 3.er y 5.º do de mes 🌐 bargellomusei.it ⬆

El museo escultórico de Florencia, emplazado en los antiguos

Il Pescatore en Il Bargello

edificios del Ayuntamiento y la prisión, contiene obras de Miguel Ángel, el *Mercurio volador*, de Giambologna (1564), y una fabulosa colección de Donatellos, incluyendo su *David* de mármol y el de bronce (el primer desnudo desde la antigüedad), así como un *San Jorge* (1416).

8 San Marco

📍 N1 🏛 Piazza di S Marco 1 🕐 8.15–13.50 lu–sá, 2.º y 4.º do de mes ⬆

Cosme el Viejo de Médicis encargó a Michelozzo la construcción de este monasterio dominico en 1437. Fue el hogar de Fra Angelico, quien decoró las celdas con pinturas al fresco de tema religioso y realizó una serie de tallas de oro para el altar, actualmente expuestas en el antiguo hospicio para peregrinos del monasterio renacentista. El retrato de Savonarola realizado por Fra Bartolomeo se halla en la sala del Monje Loco, junto a una escena de su muerte.

LA HOGUERA DE LAS VANIDADES

El predicador puritano Girolamo Savonarola se aprovechó de la debilidad de los Médicis para hacerse con el poder en 1494. En 1497, un ejército de jóvenes bajo su mando saqueó las residencias ricas para crear una Hoguera de las Vanidades en la Piazza della Signoria. Un año después, Savonarola fue quemado en el mismo lugar.

El impresionante Ponte Vecchio
bordeado de comercios sobre el río

LO MEJOR DE FLORENCIA

Mañana

Reserva las entradas para la
Accademia (p. 87) a las 9.00 y
dedica un rato a las numerosas
pinturas y a las esculturas de
Miguel Ángel. De camino al
Duomo (p. 26), diríjete al **Museo
dell'Opera del Duomo** (p. 26) sobre
las 11.00; a continuación, visita la
catedral y sube hasta la cúpula.
Deslúmbrate con las puertas de
bronce del **baptisterio** (p. 27). Baja
por Via dei Calzaiuoli y gira a la
derecha por Via dei Cimatori para
almorzar en **I Fratellini** (p. 92) y
degustar algún vino a lo largo de
la calle empedrada.

Tarde

Aprovecha las primeras horas de la
tarde para acercarte hasta la
basílica de la **Santa Croce** y
presentar tus respetos a los
grandes artistas aquí enterrados.
De regreso al centro, haz un alto
en **Gelateria dei Neri**, una de las
mejores heladerías de Florencia
(*Via dei Neri 9/11r*). Reserva las
entradas para los **Uffizi** (p. 22)
a las 16.00; así dispondrás de
tiempo suficiente para visitar la
galería antes del cierre. A la salida,
cruza el **Ponte Santa Trinità,** del
siglo XVI, detente a contemplar el
río Arno al atardecer y diríjete a
Oltrarno, con buenos restaurantes
para cenar. **Pizzería Berberè,** en la
Piazza de Nerli 1, sirve cervezas
artesanas italianas y las mejores
pizzas de la ciudad.

9 Palazzo Vecchio

N4 **Piazza della Signoria 1**
**Museo: 9.00-19.00 diario (hasta
14.00 ju)** **bigliettimusei.comune.fi.it**

El Palazzo Vecchio sigue cumpliendo su
función original como ayuntamiento de
Florencia. En 1322 se finalizó con la colo-
cación de una campana –usada para
convocar las reuniones de ciudadanos o
advertir de incendios, riadas o ataques
enemigos– en lo alto del campanario de
95 m. El edificio ha conservado su apariencia medieval, pero gran parte del
interior fue remodelado por el duque
Cosme I cuando se instaló en él en 1540.
Vasari redecoró el interior del palacio.
El Palazzo Vecchio alberga también el
Museo dei Ragazzi; hay que reservar las
entradas.

10 Piazza della Signoria

N4

Este museo de escultura al aire libre alberga la fuente *Neptuno,* de Ammannati,
considerada por Miguel Ángel "un des-
perdicio de mármol de calidad". En la
arringheria (plataforma desde donde los
oradores arengaban a las multitudes)
hay copias del *Marzocco* (león símbolo de
Florencia) y de *Judith,* de Donatello, y el
David, de Miguel Ángel. La única original,
Hércules (1534), de Bandinelli, fue calificada por Cellini como "saco de melones". La
Loggia dei Lanzi del siglo XIV, de Orcagna,
alberga el *Perseo* (1545), de Cellini, y *El rap-
to de las sabinas,* de Giambologna (1583).

Y además...

1. Santa Maria Novella
📍L2 🏛️Piazza S Maria Novella
🕐Los horarios varían, consultar la página web 🌐smn.it ⤴️

Esta iglesia de estilo gótico alberga algunas de las obras de arte más destacadas de Florencia.

2. Museo Archeologico
📍P2 🏛️Piazza Santissima Annunziata 9B 🕐8.30-14.00 lu-mi y vi-do, 13.30-19.00 ju ⤴️

Entre los fascinantes objetos etruscos expuestos se incluyen un carro hitita y el *Idolino,* un bronce romano.

3. Palazzo Medici-Riccardi
📍N2 🏛️Via Cavour 1 🕐9.00-19.00 ju-ma ⤴️

En este palacio de los Médicis es imprescindible ver los frescos de la capilla, de Benozzo Gozzoli.

4. Casa Buonarroti
📍P4 🏛️Via Ghibellina 70 🕐10.00-16.30 mi-lu ⤴️

Residencia de un sobrino de Miguel Ángel, donde se exponen obras de este y de artistas barrocos como Gentileschi.

5. Casa di Dante
📍N3 🏛️Via S Margherita 1 🕐Abr-oct: 10.00-18.00 diario; nov-mar: 10.00-17.00 ma-vi, 10.00-18.00 sá y do ⤴️

Se cree que la casa donde nació Dante ocupó este lugar. Hoy es un museo sobre el autor y la Florencia medieval.

6. Museo Horne
📍N5 🏛️Via dei Benci 6 🕐10.00-14.00 diario 🌐museohorne.it ⤴️

La colección privada de Herbert Percy Horne incluye obras de Giotto y Beccafumi.

7. Piazzale Michelangelo
📍Q6 🏛️Piazzale Michelangelo

Popular mirador con espectaculares vistas panorámicas de Florencia.

8. Spedale degli Innocenti
📍P2 🏛️Piazza SS Annunziata 12 🕐10.00-19.00 diario

Este edificio, el primer orfanato de Europa, lo diseñó Brunelleschi. La pinacoteca alberga increíbles obras de Piero di Cosimo, Botticelli y Ghirlandaio.

9. Museo Stibbert
📍E3 🏛️Via F Stibbert 26 🕐10.00-14.00 lu-mi, 10.00-18.00 vi-do 🌐museostibbert.it ⤴️

Peculiar museo, famoso por sus armaduras.

10. Cenacolo di Sant'Apollonia
📍N1 🏛️Via XXVII Aprile 1 🕐8.15-13.50 lu-vi 🕐1 ene, 25 dic, 1.er, 3.er y 5.º sá y do de mes

Este antiguo convento benedictino alberga La *última cena* (1450) de Andrea del Castagno.

Vista panorámica desde la Piazzale Michelangelo

Compras

1. Ferragamo

📍 M4 🏛 Piazza Santa Trinità 5r 🕐 10.30–19.30 diario 🌐 ferragamo.com

La tienda principal y el museo de zapatos del diseñador Salvatore Ferragamo data de la década de 1920. Tras visitar la tienda, merece la pena contemplar la magnífica colección de zapatos creados para estrellas como Marilyn Monroe y Sophia Loren.

2. Mercado de San Lorenzo

📍 M2 🏛 Piazza del Mercato Centrale 🕐 9.00–24.00 diario 🌐 mercatocentrale.com

Este mercado al aire libre ofrece artículos de cuero, moda y papelería. El cercano mercado de alimentos abre por la mañana, excepto el domingo.

3. Gucci

📍 M3 🏛 Via dei Tornabuoni 73r 🕐 10.00–19.30 diario (hasta 19.00 do) 🌐 gucci.com

La tienda principal de Guccio Gucci en Florencia vendía al principio complementos de cuero. Hoy ofrece las colecciones contemporáneas de la firma.

4. Enoteca Alessi

📍 N3 🏛 Via delle Oche 27r 🕐 10.30–19.00 lu–vi 🌐 enotecaalessi.it

Esta tienda de vinos situada en una pastelería es la mejor de la ciudad.

5. Pitti Mosaici

📍 L5 🏛 Piazza de' Pitti 23–24r ☎ 055 282 127 🌐 pittimosaici.com

Aquí se venden mosaicos de mayor calidad, imitación de *pietre dure*. Reservar por teléfono.

6. Emilio Pucci

📍 M3 🏛 Via Tornabuoni 20 🕐 10.00–19.00 diario 🌐 pucci.com

Esta firma lleva décadas ofreciendo estampados atrevidos.

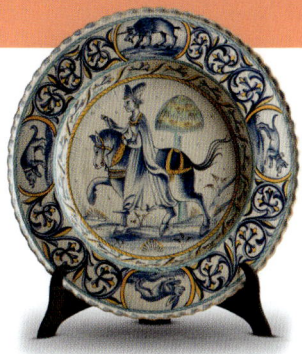

Exquisita fuente pintada a mano, La Botteghina

7. Casa dei Tessuti

📍 M3 🏛 Via de Pecori 20–24r 🕐 10.00–13.00 y 15.00–19.00 lu–sá 🌐 casadeitessuti.com

Excelente selección de telas, incluidas las de algunos diseñadores. En la tienda se han organizado, algunas veces, charlas sobre Florencia.

8. La Botteghina del Ceramista

📍 M1 🏛 Via Guelfa 5r 🕐 Los horarios varían, consultar la página web 🌐 labotteghinadelceramista.it

Cerámica pintada a mano por reconocidos artesanos italianos.

9. Scuola del Cuoio de Santa Croce

📍 P4 🏛 Piazza di Santa Croce (do entrada por Via di San Giuseppe 5r) 🕐 10.00–17.00 diario 🌐 scuoladelcuoio.it

Bajo un discreto pasaje abovedado dentro del recinto de la iglesia se encuentra la Escuela de Cuero. Ofrecen trabajos en piel de gran calidad elaborados por artesanos locales, además de talleres para aprender a confeccionar accesorios. Todas las compras pueden grabarse con iniciales en oro.

10. Pineider

📍 M4 🏛 Lungarno degli Acciaiuoli 72r 🕐 10.00–19.00 diario 🌐 pineider.com

Fundada en 1774, Pineider vende elegantes productos de papelería grabados a mano y artículos personalizados de piel.

Cafés y bares

1. Pitti Gola e Cantina
L5 Piazza Pitti 16
pittigolaecantina.com
Un bar refinado, con buenos aperitivos y un excelente emplazamiento, junto al Palazzo Pitti y su tesoro artístico. También ofrece menús con degustación de vinos.

2. Il Santino
L4 Via di Santo Spirito 60
ilsantobevitore.com
En una de las calles más de moda de la orilla izquierda, esta vinoteca sirve deliciosas tapas florentinas para acompañar con una pequeña carta con vinos bien seleccionados.

3. I Fratellini
N4 Via dei Cimatori 38r
iduefratellini.it
Esta pequeña *fiaschetteria* es una vinoteca con servicio a la calle en la que también pueden pedirse deliciosos bocadillos para llevar.

4. Alibi
P5 Via Faenza 21/r
055 709 5851
Este popular bar y hamburguesería con cervezas especiales, el antiguo Scottish BrewDog, está en el centro de la zona cervecera de Florencia.

5. Archea
K5 Via dei Serragli 44r
archeapub.com
Pequeño *pub* de estilo belga con su propia cervecería artesanal que ofrece una buena selección de cervezas.

6. Cantinetta dei Verrazzano
N3/N4 Via dei Tavolini 18r
verrazzano.com/la-cantinetta-in-firenze
Excelente repostería y *focaccie*. Este café-bar es propiedad de las bodegas Chianti (*p. 48*).

7. Le Volpi e l'Uva
M5 Piazza dei Rossi 1
levolpieluva.com
Taberna alegre y sencilla en el barrio de artesanos y artistas de Oltrarno.

8. La Terrazza
M4 Dentro del Hotel Continentale, Lungarno degli Acciaiuoli 2r lungarnocollection.com/la-terrazza-rooftop-bar
Pequeño café con terraza con vistas a los tejados de Florencia y las colinas de los alrededores.

9. La Cité Librería Café
K4 Borgo San Frediano 20r
laciteliberia.info
Este café y librería se convierte por la noche en un bar tranquilo. También sirve de espacio ecléctico para actos.

10. Rivoire
N4 Piazza della Signoria 5r
rivoire.it
Elegante café con mesas en la Piazza della Signoria.

La pintoresca Cantinetta dei Verrazzano

Atractiva decoración y bar de Alla Vecchia Bettola

Dónde comer

1. Ora d'Aria
📍 M4 🏠 Via dei Georgofili 11r 🕐 do
🌐 oradariaristorante.com · €€€
El chef Marco Stabile prepara creativos
platos de alta cocina toscana en este
local galardonado por Michelin.

2. Konnubio
📍 M2 🏠 Via dei Conti 8r
🌐 konnubio.com · €€
En este restaurante elegante se sirve
una creativa carta de platos toscanos y
veganos.

3. Zeb
📍 P6 🏠 Via San Miniato 2r
🕐 mi y do cena 🌐 zebgastro
nomia.com · €€
Un restaurante que sirve platos
toscanos tradicionales elaborados con
los ingredientes más frescos. La pasta
rellena es sublime.

4. Cantinetta Antinori
📍 L3 🏠 Piazza Antinori 3 🕐 do
🌐 cantinetta-antinori.com · €€€
Este bar-restaurante, situado en un palazzo del siglo XV, sirve especialidades
toscanas y una selección de vinos
de calidad. La familia Antinori lleva
generaciones fabricando Chianti, y las
excelentes materias primas provienen
de sus granjas.

5. Sud
📍 E3 🏠 Via Villamagna, 41/a
🌐 ristorantefirenzesud.it · €€
Situado dentro del parque Anconella,
Sud sirve una excelente *pizza* al horno
de leña, además de un menú diario de
temporada.

6. Antica Trattoria da Tito
📍 E2 🏠 Via San Gallo 112r
🌐 trattoriadatito.com · €€
Esta popular *trattoria* de barrio
recupera los sabores de la antigua
Florencia tradicional.

7. iO: Osteria Personale
📍 J4 🏠 Borgo San Frediano 167r 🕐 do
🌐 io-osteriapersonale.it · €€€
Cocina contemporánea con productos
clásicos toscanos, como el pulpo o el
cerdo Cinta Senese.

8. Alla Vecchia Bettola
📍 J5 🏠 Viale Vasco Pratolini 3/5/7
📞 055 224 158 🕐 do y lu · €€
Este bonito y acogedor restaurante
sirve recetas tradicionales florentinas
y toscanas.

9. Il Pizzaiuolo
📍 Q4 🏠 Via dei Macci 113r 🕐 do
🌐 ilpizzaiuolo.it · €
Atestada pizzería que sirve también
platos napolitanos de pasta. Hay que
esperar, incluso si se ha reservado.

10. Brac
📍 N5 🏠 Via dei Vagellai 18r 🌐 libreria
brac.net · €
Un delicioso restaurante vegetariano
y vegano con un romántico patio.

ALREDEDORES DE FLORENCIA

El valle del Arno y las suaves colinas que se extienden desde Florencia ofrecen un pausado ritmo de vida, con atractivas paradas en el camino hacia las ciudades de Siena y Pisa. La carretera S222 Chiantigiana, que conduce hasta Siena, a través del centro histórico de Impruneta y las colinas cubiertas de viñedos de la región de Chianti, es una de las más bellas del país. Muy cerca de Pisa se encuentran las ciudades de Prato y Pistoia, con ejemplos de arquitectura románica y arte renacentista. Más al noroeste, las villas de los Médicis adornan la campiña.

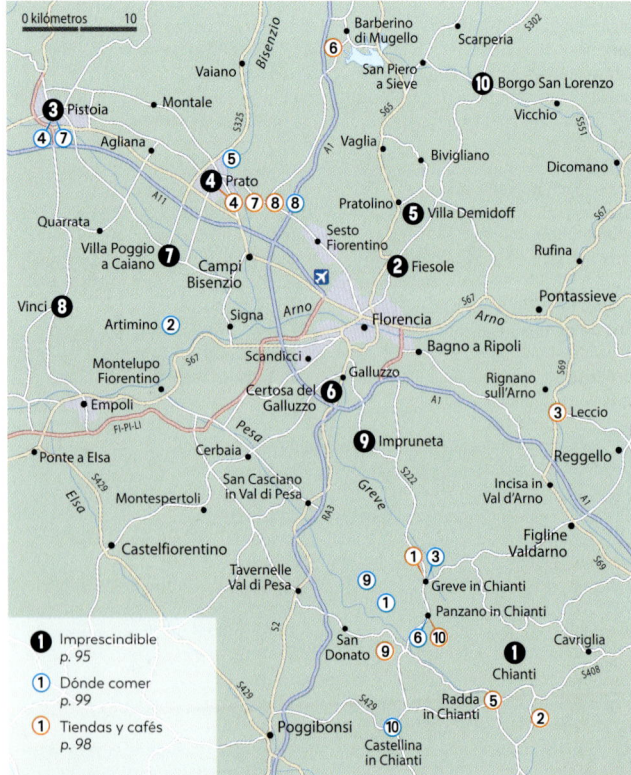

- **1** Imprescindible p. 95
- **1** Dónde comer p. 99
- **1** Tiendas y cafés p. 98

Para alojamientos en la zona, ver p. 147

1 Chianti

La famosa región vinícola de la Toscana *(p. 46)* tiene castillos y viñedos, mercados y monasterios.

2 Fiesole

🗺 E2 🛈 Via Portigiani Zenobi 3/5; 0555 961 311

Este antiguo asentamiento etrusco sobre una colina está a pocos kilómetros de Florencia (autobús n.º 7). La catedral del siglo XI se construyó aprovechando columnas romanas y alberga esculturas renacentistas de Giovanni della Robbia y Mino da Fiesole. En los restos de un teatro y unas termas romanas se celebran en verano los conciertos al aire libre de Estate Fiesolana. La empinada carretera que conduce a la iglesia de San Francesco, con su claustro y museo de las misiones, atraviesa un parque muy concurrido por acuarelistas, quienes pintan la vista más famosa de Florencia.

3 Pistoia

🗺 D2 🛈 Piazza Duomo 1; visitpistoia.eu

Antiguo centro metalúrgico romano donde se fabricaban dagas, a las que añadieron pistolas *(pistole,* llamadas así por la ciudad). En la actualidad es un cruce de estilos; las fachadas románicas de San Giovanni Fuoricivitas y el Duomo *(p. 61)* contrastan con los adornos renacentistas en terracota del Ospedale del Ceppo. El arte gótico se aprecia en los frescos de 1372, de la Capella del Tau, y en el púlpito tallado de Giovanni Pisano (1298-1301), en la iglesia de Sant'Andrea. También merece la pena pasar por la iglesia de San Jacobo, cuya capilla alberga un altar de plata.

4 Prato

🗺 D2 🛈 Piazza del Comune; pratoturismo.it

La tradición mercantil de esta ciudad se remonta al siglo XV y al genio de las finanzas Francesco Datini, llamado el mercader de Prato e inventor del pagaré. Los frescos de su *palazzo* se cuentan entre los mejor conservados de su clase. Las mejores obras de arte de Prato están en el Duomo *(p. 61),* pero la Galleria Comunale tiene una colección de polípticos renacentistas de maestros como Filippo Lippi y Bernardo Daddi. El Castello dell'Imperatore (década de 1420), con sus murallas, es un parque. Lo construyó el emperador Federico II para repeler la carretera que conducía a sus dominios, en el sur de Italia. Otro lugar interesante es el museo del Palazzo Pretorio *(palazzopretorio.prato.it),* cuyas colecciones de arte y objetos ilustran la historia de la ciudad.

Baptisterio de San Giovanni Fuoricivitas, Pistoia

El pintoresco parque Pratolino, Villa Demidoff

5 Villa Demidoff

📍 E2 🏠 Pratolino 📞 055 409 427
🕐 Abr-nov: 10.00-20.00 vi-do y
festivos (oct: hasta 18.00) 🔗

En esta enorme propiedad se alzaba la
Villa di Pratolino, que perteneció a
Francisco I de Médicis en 1568. Se convirtió en la Villa Demidoff; en 1872, cuando el
príncipe ruso Paolo II Demidoff la restauró
y amplió. Los antiguos jardines de la mansión, diseñados por Bernardo Buontalenti,
permanecen intactos y ofrecen una agradable excursión desde Florencia.

6 Certosa del Galluzzo

📍 E3 🏠 Galluzzo 🕐 Los horarios
varían, consultar la página web
🌐 museumsinflorence.com 🔗

Fundado en 1341, este monasterio,
habitado por monjes cartujos hasta

1956, pertenece hoy a la orden
cisterciense. El edificio conserva una
iglesia monacal original, una celda, un
claustro con los *tondi* en terracota de
Della Robbia y una pequeña galería con
frescos de Pontormo (1523-1525).

7 Villa Poggio a Caiano

📍 D2 🏠 Piazza dei Medici 14,
Poggio a Caiano 🕐 8.15-17.00 ma-do
🕐 1 ene, 25 dic
🌐 villegiardinimedicei.it

La principal mansión renacentista de
los Médicis, rodeada de bellos jardines,
fue diseñada por el escultor y arquitecto italiano Giuliano da Sangallo a finales del siglo XV para Lorenzo el Magnífico. Esta villa, también conocida como
Ambra, está declarada Patrimonio de la
Humanidad por la Unesco. Sus salones
albergan dos museos.

8 Vinci

📍 D2 ℹ️ Via Montalbano 1;
0571 933 285

En 1452, a las afueras de esta modesta
población de las colinas, nació
Leonardo da Vinci, una de las grandes
mentes científicas y uno de los artistas
con mayor talento de la historia. El
Castello Guidi, del siglo XI, alberga
el Museo Vinciano, con más de 100 modelos de los inventos del maestro, ba-
sados en los dibujos de sus cuadernos
de notas. Carretera arriba se encuentra
su casa natal, que parece sacada de

una de sus obras, rodeada de un pintoresco paisaje de olivos.

9 Impruneta

🅟 E3 ℹ️ Piazza Buondelmonti 21; 0552 036 555

Este importante centro de cerámica de terracota es famoso por la colegiata renacentista de Santa Maria. Flanquean el altar dos capillas diseñadas por Michelozzo y decoradas por Luca della Robbia. La de la derecha contiene un fragmento de la Vera Cruz; la de la izquierda, un icono de la Virgen, supuestamente pintado por san Lucas, quien fue enterrado aquí durante las persecuciones de cristianos y cuyo cuerpo apareció en el curso de las excavaciones de los cimientos. También hay pinturas barrocas y un crucifijo manierista de Giambologna.

10 Borgo San Lorenzo

🅟 E2 ℹ️ Piazzale Lavacchini 1; 0558 456 230

Esta población, bastante reconstruida tras el terremoto de 1919, es la más grande del Mugello. La iglesia de Pieve di San Lorenzo, del siglo XII, contiene retablos renacentistas de Taddeo Gaddi y Bachiacca, un fresco dañado de una *madonna* de Giotto y unos murales en el ábside de Galileo Chini (1906), un ceramista modernista local. Al oeste del Borgo San Lorenzo se alza el Castello del Trebbio, con bellos jardines.

Castello del Trebbio, al oeste del Borgo San Lorenzo

RECORRIDO POR LA ZONA

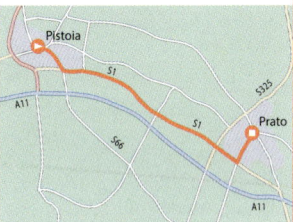

Mañana

Empieza por **Pistoia** (*p. 95*) y los frescos góticos de la Capella del Tau. Acércate a San Giovanni Fuorcivitas para empaparte del románico en estado puro. A un corto paseo se ve el baptisterio octogonal de Pistoia, con sus rayas de mármol blanco y verde. Reserva tiempo para visitar el Duomo (*p. 61*), situado enfrente, y Sant'Andrea (cierra a las 12.30). Regresa al centro, haciendo una parada en el Ospedale del Ceppo para ver su friso vidriado de terracota. Almuerza en el favorito de los locales, La BotteGaia (*p. 99*), justo al lado de una plaza de mercado con edificios medievales.

Tarde

A un corto trayecto en coche o tren desde Pistoia se halla **Prato** (*p. 95*). Acude primero a ver los frescos del Palazzo Datini (el san Cristóbal de la puerta tenía por objeto proteger a los que abandonaban el palacio) para presentar tus respetos al famoso mercader de Prato, quien solía escribir en sus libros de cuentas: "En nombre de Dios y de los beneficios". Visita el Duomo (*p. 61*), el Museo dell'Opera del Duomo y el Palazzo Petronio. Compra una bolsa de cantucci en Antonio Mattei y sube a las murallas del Castello dell'Imperatore para disfrutar de las vistas de Santa Maria delle Carceri (1485-1506), una bella iglesia renacentista.

Tiendas y cafés

1. Antica Macelleria Falorni, Greve
📍 E3 🏠 Piazza Matteotti 66
🌐 falorni.it
De las paredes de esta charcutería cuelgan jamones y salamis desde 1729. También vende buenos vinos.

2. Ceramiche Rampini, near Radda
📍 E3 🏠 Casa Beretone di Vistarenni (carretera a Siena)
🌐 rampiniceramics.com
Uno de los mejores ceramistas italianos, con diseños originales.

3. The Mall, Leccio Reggello, cerca de Florencia
📍 E3 🏠 Via Europa 8 (Incisa-Reggello salida desde la A1) 🕐 10.00–19.00 diario 🌐 firenze.themall.it
Grandes descuentos en ropa de diseño. El edificio, bien señalizado, está a 5 km de la carretera principal.

4. Antonio Mattei, Prato
📍 D2 🏠 Via Ricasoli 20–22
🌐 antoniomattei.com
Lleva elaborando los mejores *cantucci* (galletas) de Italia desde 1858. Hay que comprar algo para llevarse a casa.

5. Luciano Porciatti, Radda
📍 E3 🏠 Piazza IV Novembre 1
🌐 casaporciatti.it
Una tienda excelente con quesos y fiambres exquisitos.

Mostrador de la Antica Macelleria Falorni, Greve

6. Barberino Designer Outlet, Barberino di Mugello
📍 E2 🏠 Via Meucci 🌐 barberino outlet.com
Más de 100 tiendas de lujo de diseñadores, además de cafés y restaurantes.

7. Nuovo Mondo, Prato
📍 D2 🏠 Via Garibaldi 23 🕐 lu cenas y do cenas 🌐 pasticcerianuovomondo. com
Merece la pena hacer una parada por sus deliciosos dulces, *panini* y pasteles. Servicio atento y refinado en una bulliciosa calle comercial.

8. Luca Mannori, Prato
📍 D2 🏠 Via Lazzerini 2 🕐 ma, vi, sá y do cenas 🌐 pasticceria mannoriprato.it
Pastelería y fábrica de deliciosas tartas y gran variedad de bombones.

9. Cappelletti Pelletteria, Castellina in Chianti
📍 E3 🏠 Via Ferruccio 43
🌐 chiantileather1893.com
Regentada por la misma familia desde 1893, una *pelletteria* tradicional con zapatos, bolsos y otros artículos de piel.

10. Enoteca Baldi, Panzano
📍 E3 🏠 Piazza Bucciarelli 25
🌐 enotecabaldi.it
Situada en la plaza principal de la ciudad, esta animada vinoteca es el lugar perfecto para disfrutar de una copa de vino local con un plato de *bruschetta*.

Exquisitos dulces de Luca Mannori

Dónde comer

1. La Cantinetta di Rignana, cerca de Greve

📍 E3 🏠 Loc. Rignana 🌐 lacantinetta dirignana.com/ristorante · €€

Rodeado de viñedos, el mejor restaurante de la campiña toscana destaca por su ubicación y su comida.

2. Da Delfina, Artimino

📍 D2/D3 🏠 Via della Chiesa 1 🕐 lu · 🌐 dadelfina.it · €€

Es uno de los mejores establecimientos de la campiña toscana, con un elegante servicio y cocina tradicional. La especialidad es el *coniglio con olive e pinoli* (conejo con aceitunas y piñones).

3. Enoteca Ristorante Gallo Nero, Greve in Chianti

📍 E3 🏠 Via Battisti 9 🕐 ju 🌐 enoristorantegallonero.it · €€

Este acogedor restaurante ofrece una amplia selección de platos de carne, pastas y una buena carta de vinos.

4. La BotteGaia, Pistoia

📍 D2 🏠 Via del Lastrone 17 🕐 lu 🌐 labottegaia.it · €€

Esta *osteria* tradicional sirve platos del norte de la Toscana elaborados a fuego lento.

5. La Fontana, Prato

📍 D2 🏠 Via del Canneto 1 🌐 trattoria lafontanaprato.com · €€

La Fontana está especializada en sencilla comida toscana. Ofrece una amplia variedad de postres caseros. Las raciones son generosas y los precios, razonables.

6. Oltre il Giardino, Panzano

📍 E3 🏠 Piazza G Bucciarelli 42 🌐 ristoranteoltreilgiardino.com · €€

Generosas raciones, ambiente íntimo y magníficas vistas. El menú cambia a diario. Se recomienda reservar.

> **PRECIOS**
> Una comida de tres platos con media botella de vino (o equivalente), servicio e impuestos incluidos.
> ....
> € menos de 35 € €€ 35-70 € €€€ más de 70 €

7. Osteria Via dell'Abbondanza 14, Pistoia

📍 D2 🏠 Via dell'Abbondanza 14 🕐 lu y ma 🌐 osteriadellabbon danza.it · €€

Acogedor restaurante de comida toscana donde probar los higos glaseados.

8. Baghino, Prato

📍 D2 🏠 Via dell'Accademia 9 🕐 do y lu comidas 🌐 pratoturismo.it · €€

Especialidades toscanas e italianas en este magnífico restaurante, en pleno centro histórico.

9. L'Antica Scuderia

📍 E3 🏠 Via di Passignano 17, Tavarnelle Val di Pesa 📞 055 807 1623 🕐 ma · €€

Comida típica toscana servida entre los encantadores viñedos de Chianti.

10. Albergaccio, Castellina

📍 E3 🏠 Via Fiorentina 59 🕐 do 🌐 ristorantealbergaccio.com · €€€

Cocina toscana con toques creativos. Excelentes ñoquis de *ricotta* con trufa blanca y tomillo.

Elegante comedor de Albergaccio

SIENA

Siena es una encantadora ciudad gótica que contrasta con la majestuosidad de la arquitectura renacentista de su histórica rival, Florencia. Fundada por los etruscos, se desarrolló durante la Edad Media gracias en parte a la ruta de peregrinación de la Via Francigena. Como floreciente centro comercial y textil, vio el nacimiento de una importante escuela gótica de pintura y el auge de la arquitectura. Esta prosperidad se frenó en 1348, cuando la peste negra diezmó la población. Desde entonces, el dominio de la Toscana pasó a manos de Florencia. Gracias a ello, Siena conserva prácticamente intacta –excepto por alguna fachada barroca– su apariencia medieval. Su casco histórico es Patrimonio de la Humanidad.

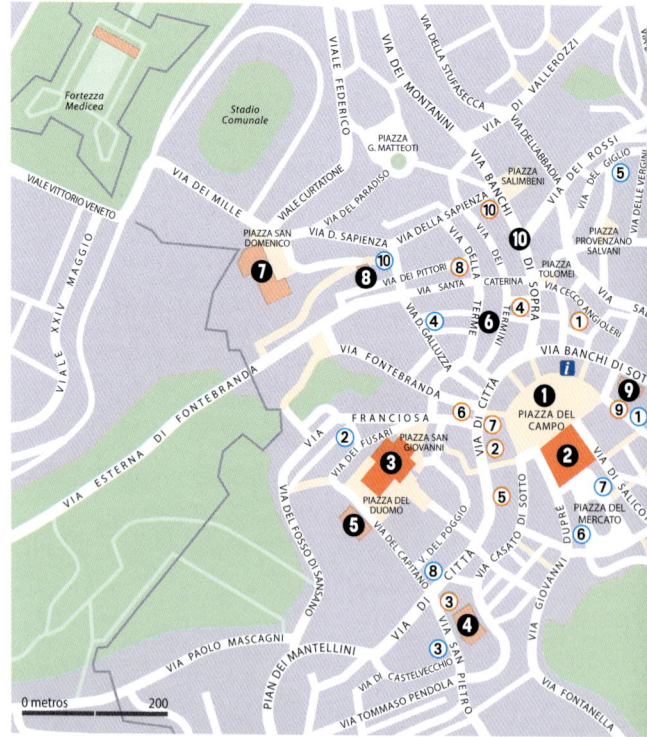

Para alojamientos en la zona, ver p. 147

Piazza del Campo con el Palazzo Pubblico

1 Piazza del Campo

La plaza mayor de Siena *(p. 42)* es una de las más bellas de Italia. Sus múltiples atractivos la convierten en uno de los lugares de visita imprescindible en la zona. Destaca su Fonte Gaia, una fuente de mármol rectangular decorada con estatuas. Dos veces al año la plaza alberga la famosa carrera de caballos del Palio *(p. 83)*, y a diario la visitan infinidad de personas que acuden a pasear, leer, comer al aire libre o tomar un café.

2 Palazzo Pubblico

⚑ E4 🏛 Il Campo 1 🕐 10.00-19.00 diario ♿

El palacio de Gobierno medieval de Siena es un elegante edificio de ladrillo. Las salas, profusamente decoradas con obras de principios del siglo XIV –incluyendo la *Maestà*, de Simone Martini, y *Alegoría del buen y del mal gobierno*, de Ambrogio Lorenzetti– albergan el Museo Civico *(p. 44)*.

3 Duomo

Este complejo catedralicio gótico, otra de las visitas imprescindibles *(p. 38)*, está repleto de obras de Miguel Ángel, Pisano, Pinturicchio, Bernini, Duccio y Donatello.

4 Pinacoteca Nazionale

⚑ E4 🏛 Via S Pietro 29 🕐 9.00-13.30 do y lu, 9.00-19.00 ma-sá ♿

Esta pinacoteca ofrece un recorrido por la pintura sienesa. Se exponen varias *madonna*s del siglo XIV de Simone Martini y Pietro Lorenzetti, así como la *Anunciación* de Ambrogio Lorenzetti. Se pueden comparar los bocetos a tamaño real en *cartone* de Beccafumi con los paneles del suelo del Duomo y su *Cristo camino del Limbo* manierista con las obras de su rival, Sodoma, de estilo renacentista tardío.

---

1 Imprescindible
p. 101

1 Dónde comer
p. 105

1 Tiendas, cafés y vinotecas
p. 104

PIAZZA FRANCESCO

Fonti di Follonica

VIA BALDASSARRE PERUZZI

DINI

VIA DI PANTANETO

RIONE

VIA SAN MARTINO

VIA DEL RIALTO

VIA DEL SOLE

VIA PAGLIARESI

VIA DEL SOLE

A DEL SOLE

VIA DEI PISPINI

VIA ROMA

PORTA GIUSTIZIA

9

Frescos renancentistas en la Sala del Pellegrino

5 Santa Maria della Scala

E4 📍 Piazza Duomo 1
🕐 10.00-19.00 diario 🌐 santamaria dellascala.com 📱

Este hospital, abierto del siglo IX a la década de 1990, se está transformando en uno de los mayores centros culturales de Europa. Los visitantes pueden recorrer los oratorios, las capillas, la iglesia y los museos. En la Sala del Pellegrino hay frescos renancentistas que representan escenas de la vida hospitalaria medieval: un monje cirujano curando una pierna herida, otro tomando una muestra de orina.

6 Enoteca I Terzi

E4 📍 Via dei Termini 7 🕐 11.00-1.00 lu-sá 🌐 enotecaiterzi.it

Situado en el cruce de los "tercios" que divide la ciudad, este restaurante se ubica en una torre de piedra del siglo XII llamada Torre dell'Orsa o "dei Ballanti". Su interior cuenta con bóvedas de ladrillo y una bodega excavada en toba. Se pueden comprar vinos de una amplia selección y se organizan catas.

7 San Domenico

E4 📍 Piazza S Domenico 1
🕐 Los horarios varían, consultar la página web 🌐 basilicacateriniana.it

Esta iglesia de 1226 alberga el retrato de santa Catalina realizado por su amigo Andrea Vanni. La cabeza de la santa y su tumba se hallan en una capilla con frescos que recrean su vida, obra de Sodoma (1526) y Francesco Vanni. Matteo di Giovanni ejecutó los retablos del transepto.

8 Casa di Santa Caterina

E4 📍 Costa di Sant'Antonio
🕐 Iglesia: 9.00-12.30 y 15.00-17.00 diario

La casa natal de santa Catalina fue convertida en santuario en 1466. Se construyó una iglesia barroca que alberga el Cristo crucificado del siglo XII que confirió los estigmas a la santa. También hay una *loggia* (1533) de Baldassare Peruzzi y un oratorio con pinturas barrocas de Francesco Vanni, Il Riccio e Il Pomarancio. La escalera que hay al otro lado de su celda lleva al Oratorio dell'Oca.

Fachada del Monte dei Paschi di Siena, Via Banchi di Sopra

9 Archivio di Stato

⌂ Banchi di Sotto 52
⏲ 10.00-11.30 sá

Los archivos estatales de Siena custodian las cuentas de la ciudad desde el año 1258, algo que no llama la atención hasta que se averigua que los sieneses tenían la costumbre de contratar a los mejores artistas de la ciudad para iluminar sus libros de cuentas anuales. Esta colección única de Tavolette di Biccherna, custodiada en el archivo del museo, cuenta con miniaturas de Francesco di Giorgio y Beccafumi, entre otros. Visitas con reserva para grupos de 10 personas o más.

10 Via Banchi di Sopra

☑ E4 ⌂ Via Banchi di Sopra

La calle principal de Siena está flanqueada de bonitos palacios. Antes de la construcción del Palazzo Pubblico, el Gobierno municipal se reunía en una plaza situada entre la iglesia de San Cristofano y el Palazzo Tolomei del siglo XIII, hoy un banco. Subiendo por la calle se llega a la Piazza Salimbeni, donde están el Palazzo Tantucci y el Palazzo Spannochi, ambos renacentistas, y el Palazzo Salimbeni, de estilo gótico. Los tres sirven de sede al Monte dei Paschi, el banco más antiguo del mundo (creado en 1472), y a su pequeña pero interesante colección de pintura sienesa.

UN DÍA EN SIENA

Mañana

Empieza por el complejo del **Duomo** (*p. 38*), especialmente si es invierno, ya que entonces el museo cierra por las tardes. Tras recorrer la catedral, cruza hasta **Santa Maria della Scala.** No te pierdas el **Museo dell'Opera Metropolitana** (*p. 40*), con obras de Giovanni Pisano, Donatello y Duccio, y fabulosas vistas desde la fachada. Finalmente, desciende las escaleras para ver el baptisterio y regresa por el extremo opuesto del Duomo para almorzar en la **Antica Osteria da Divo** (*p. 105*). Compra el postre en la **Antica Pasticceria Bini,** una pastelería a un corto paseo en la Via Stalloreggi 91-93, pero no te lo comas todavía.

Tarde

Pasea por la Via di Città, en la que se encuentran muchos comercios de camino a la **Piazza del Campo** (*p. 42*). Una vez aquí, disfruta de los dulces de la Antica Pasticceria Bini o tómate un café o una copa de vino en la terraza del **Bar Il Palio** (*Piazza del Campo 47*). Ve después al **Palazzo Pubblico** (*p. 101*) para admirar la colección de arte gótico del **Museo Civico** (*p. 44*). Sal del Campo por el extremo norte y pide un expreso o un Campari en el café **Nannini** (*p. 104*), antes de unirte a la *passeggiata* (paseo) vespertina por la Via Banchi di Sopra.

Tiendas, cafés y vinotecas

Productos regionales en Antica Drogheria Manganelli

1. Nannini
🏠 Via Banchi di Sopra 24 🕐 7.30-21.00 diario 🌐 nanninidolciecaffe.com
El café más famoso de Siena tuesta su propio café y es conocido por sus deliciosos pasteles.

2. Ceramiche Artistiche Arcaico
🏠 Via di Città 92 🕐 10.00-19.00 diario 🌐 arcaicoceramicsiena.com
Una tienda con la mejor cerámica de Siena. Sus diseños en blanco, negro y *siena tostado* se inspiran en los paneles del suelo del Duomo.

3. Trame di Storia
🏠 Via San Pietro 7 🕐 11.30-18.00 diario 🌐 tramedistoriahandmade.com
La famosa tejedora Cinzia Gazzarri trabaja aquí con su enorme telar. Confecciona vistosas prendas con fibras de gran calidad, como cachemira, lana merina, mohair, alpaca, lino y seda.

4. Cortecci
🏠 Il Campo 30–31 🕐 10.00-19.30 lu-sá 🌐 corteccisiena.it
Aquí se vende ropa de diseñadores famosos y también de firmas más asequibles.

5. Antica Drogheria Manganelli
🏠 Via di Città 71–73 🕐 9.30-19.30 diario 🌐 drogheriamanganelli.it
Esta tienda vende especialidades culinarias sienesas (vinos, quesos, salamis y galletas) desde 1879.

6. La Fabbrica delle Candele
🏠 Via dei Pellegrini 11 🕐 9.30-19.30 diario 🌐 lafabbricadellecandele.com
Esta bonita tiendecita frente a la Piazza Campo hace velas a mano siguiendo la tradición *millefiori*.

7. Manufactus
🏠 Via di Città 37 🕐 10.00-20.00 diario 🌐 manufactus.it
Una papelería especializada en papel de cartas que imita el mármol y cuadernos con tapas de piel.

8. Compagnia dei Vinattieri
🏠 Via delle Terme 79 🕐 12.30-14.45 y 19.15-23.00 diario 🌐 vinattieri.net
Los platos innovadores se mezclan con los clásicos como *pici cacio e pepe* (pasta con *pecorino* y pimienta blanca) en esta elegante enoteca. Los vinos también son excelentes.

9. Aloe & Wolf Gallery
🏠 Via del Porrione 23 🕐 Solo con cita previa 🌐 aloewolf.it
Esta tienda escondida detrás de la Piazza del Campo vende ropa *vintage* y arte.

10. Louis Ciocchetti
🏠 Via Banchi di Sopra 91 🕐 10.00-20.00 diario 🌐 louisciocchetti.com
Joyas, relojes y reproducciones de joyas etruscas, todo hecho en Italia.

Dónde comer

1. Osteria Le Logge
⌂ Via del Porrione 33 ⏰ Los horarios varían, consultar la página web ⊕ osterialelogge.it · €€

Este restaurante, instalado en una antigua botica, sirve una de las mejores cocinas tradicionales de la ciudad.

2. Antica Osteria da Divo
⌂ Via Franciosa 25–29 ⏰ ma ⊕ osteriadadivo.com · €€

Ambiente medieval y cocina toscana moderna, que incorpora las últimas tendencias en Italia, como servir cada plato con otro de acompañamiento.

3. Osteria di Castelvecchio
⌂ Via di Castelvecchio 65 ☎ 057 747 093 ⏰ mi (en ocasiones abre para comidas) · €€

Refinada cocina creativa toscana a buen precio y en un ambiente acogedor. Hay una selección diaria de comida vegetariana.

4. Grotta di Santa Caterina "da Bagoga"
⌂ Via della Galluzza 26 ⏰ do cenas y lu ⊕ ristorantebagoga.it · €€

Este restaurante sirve platos sieneses tradicionales, como pollo relleno y guiso de jabalí.

5. Tre Cristi
⌂ Vicolo di Provenzano 1/7 ⏰ do ⊕ trecristi.com · €€

Esta *trattoria*, bastión del panorama culinario sienés, se centra en pescado.

6. Antica Trattoria Papei
⌂ Piazza del Mercato 6 ⊕ anticatrattoriapapei.com · €€

Esta *trattoria* familiar sirve especialidades toscanas en un comedor con vigas vistas o en la plaza. También tiene otro comedor independiente.

7. Gino Cacino di Angelo
⌂ Piazza del Mercato 31 ☎ 0577 223 076 ⏰ 8.00-20.00 diario · €

Preparan bocadillos y platos fríos para comer en el local o para llevar. El dueño insiste en utilizar los productos locales más frescos.

8. La Taverna del Capitano
⌂ Via del Capitano 6–8 ☎ 0577 288 094 · €€

Sustanciosos platos y ambiente informal con decoración de arte moderno.

9. La Sosta di Violante
⌂ Via Pantaneto 115 ⏰ do ⊕ lasosta diviolante.it · €€

La carta de esta moderna *osteria*, cuyo nombre proviene de una princesa bávara, está centrada en la carne. Tiene una amplia carta de vinos.

10. Osteria La Chiacchera
⌂ Costa di Sant' Antonio 4 ⊕ osteria lachiacchera.it · €

Restaurante popular y asequible. Platos de *cucina povera (cocina pobre)* y postres que cambian a diario.

Comiendo en la acogedora
Osteria Le Logge

ESTE DE LA TOSCANA

La provincia de Arezzo se extiende desde los bosques de Casentino, situados al norte de la Toscana, hasta el brazo septentrional del valle del Arno, pasando por Caprese, aldea donde nació Miguel Ángel, hasta llegar al valle de Chiana, el granero de la región. Además de Miguel Ángel, aquí nacieron dos grandes artistas del Renacimiento temprano: Piero della Francesca en Sansepolcro, en la zona norte de la provincia, y Luca Signorelli (1441-1523) en Cortona, en la zona sur. La técnica de pintura al fresco de este último fue un modelo para Miguel Ángel.

1 Imprescindible
ver p. 107

1 Dónde comer
p. 111

1 Tiendas y cafés
p. 110

Para alojamientos en la zona, ver p. 147

La Piazza Grande, de forma trapezoidal, en el casco histórico de Arezzo

1 Arezzo

📍 F3 ℹ️ Via Giorgio Vasari 13; discoverarezzo.com ↗

Primero ciudad etrusca, luego centro alfarero romano y más tarde lugar de nacimiento de Guido Monaco, inventor de la nueva escritura musical. También nacieron aquí el poeta Petrarca (1304-1374) y Giorgio Vasari (1512-1574), arquitecto y autor de *Vidas de artistas*. En la amplia Piazza Grande se celebra la Giostra del Saracino. El campanario, la fachada y los relieves medievales de la iglesia del siglo XII, Santa Maria della Pieve, son de estilo románico-lombardo, pero el retablo (1320) de Pietro Lorenzetti es puro gótico sienés. El Duomo de Arezzo tiene excelentes vidrieras, del maestro francés Guillaume de Marcillat, y un fresco de Piero della Francesca. La iglesia de San Francesco (*p. 61*), del siglo XIV, alberga el fresco de Piero, *Leyenda de la Vera Cruz.*

2 Monte San Savino

📍 F4 ℹ️ Piazza Gamurrini 25; 0575 849 418

Pueblo alfarero con un pequeño museo de cerámica y una iglesia dedicada a santa Clara, con obras tempranas de terracota del escultor local Andrea Sansovino (1460-1529). Este también trabajó con mármol (se conserva un sarcófago en el Pieve), diseñó las logias y claustros de Sant'Agostino y colaboró con el arquitecto Antonio da Sangallo el Viejo en la Loggia dei Mercanti, frente al Palazzo di Monte.

3 Sansepolcro

📍 F3 ℹ️ Via Matteotti 1

Esta ciudad medieval es conocida por su relación con el artista toscano del siglo XV Piero della Francesca (*p. 65*). El Museo Cívico de Sansepolcro (*p. 63*) alberga algunas obras del artista, como su famosa *Madonna della Misericordia*, el fragmento del fresco *San Giuliano* y el cautivador fresco *Resurrección de Cristo.*

4 Cortona

Cortona, en las colinas toscanas (*p. 50*), destaca por sus enterramientos etruscos, callejones medievales, arte renacentista y excelentes restaurantes.

Estatua etrusca, Cortona

SAN FRANCISCO DE ASÍS

Hijo de un rico comerciante de Asís, Francisco (1182-1226) abandonó su vida disipada cuando un Cristo crucificado le habló, instándole a reconstruir su iglesia. Francisco entonces se dedicó a escribir un excelente conjunto de poemas y a predicar la pobreza y la caridad, fundando la orden franciscana en 1224. Recibió los primeros estigmas cuando predicaba en La Verna.

5 Lucignano
F4

Diminuto pueblo con una única calle que conduce a una colegiata del siglo XVI. Detrás de la iglesia, el Palazzo Communale es sede de un museo con pinturas de estilo gótico sienés tardío y un relicario de oro llamado *Árbol de Lucignano* (1350-1471).

6 Castiglion Fiorentino
F4 Piazza del Municipio 1; 0575 656 493

Cerca de la plaza mayor de la localidad y su logia (1513) realizada por Vasari, se alza la Pinacoteca en la antigua iglesia de Sant'Angelo. Cuenta entre sus tesoros con un *San Francisco* (siglo XIII) de Margarito d'Arezzo, un fragmento de la *Maestà* (*c.* 1328) de Gaddi y *San Francisco recibiendo los estigmas* (*c.* 1486), de Bartolomeo della Gatta.

7 La Verna
F3 Santuario della Verna 6.30-9.30 diario laverna.it

San Francisco fundó este monasterio en lo alto de una colina. Un corredor cubierto de frescos conduce a la cueva donde dormía. Al final del corredor está la Capella delle Stimmate, construida donde el santo recibió sus estigmas, en 1224. Para disfrutar de una vista de La Verna, un camino conduce a Sasso Spico, cima donde el santo solía rezar.

8 Camáldoli
F2 52014 Camáldoli Farmacia: 9.00-12.30 y 14.00-18.00 diario camaldoli.it

Este monasterio de Casentino fue fundado en 1046 y actualmente viven en él 40 monjes cartujos. La ermita original, levantada por san Romualdo, data de 1012. La comunidad cuenta con un pequeño café en la planta baja del monasterio y fabrica artículos de tocador y licores que vende en la farmacia.

9 Poppi
F3

La más bella de las poblaciones de las colinas de Casentino está dominada por el Castello dei Conti Guidi (1274-1300), construido por Lapo y Arnolfo di Cambio. En su interior hay una capilla

Altar de la capilla con frescos de Poppi

con frescos del pintor y arquitecto italiano del siglo XIV Taddeo Gaddi.

10 *Madonna del Parto*, Monterchi

📍 F3 🏠 Via della Reglia 1
🕐 9.00-13.00 y 14.00-19.00 diario
🌐 madonnadelparto.it 📱

La obra maestra de Della Francesca representa a la Virgen María embarazada. Unos ángeles retiran unas cortinas, descubriendo su rostro.

Casco histórico de la localidad de Castiglion Fiorentino

UN DÍA EN AREZZO

Mañana

Empieza en el **Museo Archeologico Mecenate** (*Via Margaritone 10*), dedicado a la alfarería y situado en un antiguo anfiteatro romano. Sube por Corso Italia para tomar un café en uno de los locales bajo la logia de Vasari en la **Piazza Grande**. Admira los *palazzi* de la plaza antes de visitar la iglesia de **Santa Maria della Pieve**. Luego continúa por Italia, gira a la izquierda por Vicolo dell'Orto para pasar por la **Casa di Petrarca** (donde supuestamente vivió el poeta) y tuerce a la derecha por Via Andrea Cesalpino para llegar al **Duomo**. Visita el **Museo del Duomo** para ver las pinturas de los artistas toscanos Bartolomeo della Gatta, los Spinello y Parri Aretino. Baja la colina para almorzar en **Vineria Ciao** (*p. 111*).

Tarde

Visita las obras de Piero en **San Francesco** (*p. 61*; hay que reservar). Regresa a Corso Italia para tomar un helado en **Cremi** (*p. 110*) y luego desciende por Via Cavour hasta la **Badia delle Sante Flora e Lucilla.** Fíjate en la falsa cúpula sobre el altar mayor, pintada en 1702 por Andrea Pozzo. A continuación, baja por Via Garibaldi hasta llegar a la **Casa di Vasari** (*Via XX Settembre 55*), hogar de Giorgio Vasari, historiador y pintor de los Médicis. Termina en **San Domenico**, con un crucifijo de Cimabue de la década de 1260.

Tiendas y cafés

Puestos en la feria mensual de antigüedades de Arezzo

1. Tienda de Prada, Montevarchi
◪ E3 ⌂ Levanella Via Aretina 403 ☏ 0559 196 528 ⌚ 10.30-19.30 diario

Hay que llegar pronto para encontrar gangas de alta costura en este establecimiento junto a la fábrica de Prada.

2. La Clandestina Cocktail & Food, Arezzo
◪ F3 ⌂ Corso Italia 102 ☏ 0575 353 998 ⌚ 18.00-2.00 lu, mi, ju y do; 18.00-1.00 vi y sá

Destaca por su terraza y los deliciosos cócteles que preparan.

3. Caffè degli Artisti, Cortona
◪ F4 ⌂ Via Nazionale 18 ☏ 0575 601 237 ⌚ 8.00-23.00 diario

Mitad bar, mitad tienda para turistas que vende miel, conservas, dulces, fiambres, especias y aceite de oliva.

4. Sottopiazza, Arezzo
◪ F3 ⌂ Via di S Francesco 17

Este bar de cócteles de la histórica Piazza S Francesco sirve vinos, licores y cerveza artesanal de barril.

5. L'Antico Cocciaio, Cortona
◪ F4 ⌂ Via Benedetti 20 ⌚ Los horarios varían, consultar la página web ⓦ lanticococciaio.com

Preciosa tienda de cerámica con la paleta de colores amarillo, verde y crema.

6. Enoteca Molesini, Cortona
◪ F4 ⌂ Piazza della Repubblica 22–23 ⌚ 9.00-13.00 y 16.00-20.00 diario ⓦ molesini-market.com

Buena comida y gran selección de vinos en la plaza principal de Cortona.

7. Gelateria Artigianale Cremì, Arezzo
◪ F3 ⌂ Corso Italia 100 ☏ 0575 334 235 3951 ⌚ lu

Sirve los mejores helados naturales del centro de Arezzo, incluidos sabores creativos y tradicionales.

8. Feria de antigüedades de Arezzo
◪ F3 ⌂ Piazza Grande ⌚ 1.er fin de semana de mes: 9.00-20.00 sá, 9.00-19.00 do ⓦ fieraantiquaria.org

Más de 600 anticuarios abarrotan la Piazza Grande y las calles adyacentes. Hay todo tipo de objetos, incluidos cuadros, libros, grabados antiguos, juguetes y relojes.

9. Di.Di.Gioielli, Arezzo
◪ F3 ⌂ Via F Crispi 16 ☏ 0575 26 751 ⌚ 10.00-13.00 y 16.00-19.30 ma-sá

Esta preciosa joyería ofrece piezas en oro de Unoaerre, el famoso fabricante de Arezzo.

10. Macelleria Aligi Barelli, Arezzo
◪ F3 ⌂ Via della Chimera 22 ⌚ 8.00-13.00 y 16.30-19.30 lu-vi, sá solo mañanas ⓦ macellerieinvetrina.com

Una popular carnicería especializada en carne (sobre todo embutidos) procedente de Casentino. Ideal para pícnics.

Dónde comer

1. Bianco Rosso, Sinalunga
⚐ F4 **⌂** Via delle Persie, 93 **🖥** bianco rossoebollicineenotecaecucina.it · €€

Esta enoteca con cocina ofrece una magnífica selección de 500 marcas de vino, que incluye caldos italianos, extranjeros y espumosos.

2. Il Falconiere, Cortona
⚐ F4 **⌂** San Martino a Bocena 370 (al norte de Cortona) **🖥** ilfalconiere.it · €€€

La *limonaia* de la propiedad del siglo XVII de Silvia y Riccardo Baracchi alberga uno de los mejores restaurantes de la región, con estrella Michelin, que añade un toque personal a las recetas tradicionales toscanas.

3. Vineria Ciao, Arezzo
⚐ F3 **⌂** Via Giuseppe Garibaldi 16 **🕐** lu y cenas do **🖥** vineriadalchiodo. it · €

Este encantador restaurante familiar fue construido por el carpintero Carlo (o Chiodo, como le llaman cariñosamente). El menú ofrece deliciosos platos toscanos cocinados a la perfección, acompañados de excelentes vinos.

4. Ristorante Fiorentino, Sansepolcro
⚐ F3 **⌂** Via L Pacioli 60 **🖥** ristorante fiorentino.it **🕐** mi · €

Posada como las de antes con deliciosa cocina tradicional.

5. Preludio, Cortona
⚐ F4 **⌂** Via Guelfa 11 **🖥** ilpreludio.net · €€

Este restaurante ofrece *nouvelle cuisine* toscana en un bello *palazzo* renacentista (los frescos son modernos).

6. Il Forcillo, Sinalunga
⚐ F4 **⌂** Viale Gramsci 7 **☎** 0577 630 102 **🕐** lu · €€

Esta *osteria* toscana ofrece una amplia selección de comida local como raviolis con queso y ortigas.

7. Jungle in Town, Arezzo
⚐ F3 **⌂** Via Garibaldi 97 **🕐** do **🖥** jungleintown.it · €

Ideal para quienes quieran tomar algo rápido y sabroso. Se puede comer en el local o pedir para llevar.

8. La Grotta, Cortona
⚐ F4 **⌂** Piazza Baldelli 3 **🕐** ma **🖥** trattorialagrotta.it · €

Mesas al aire libre en una diminuta *piazza* y un gran comedor medieval con muros de piedra y platos toscanos. Popular entre locales y estudiantes.

9. Antica Osteria l'Agania, Arezzo
⚐ F3 **⌂** Via Mazzini 10 **🕐** lu y ma **🖥** agania.com · €

Acogedora *trattoria* cuya carta incluye *grifi e polenta* (tripas de ternera con polenta).

10. La Loggetta, Cortona
⚐ F4 **⌂** Piazza di Pescheria 3 **🕐** mi **🖥** laloggetta.com · €€

Los comensales acuden a para disfrutar de la terraza y de la cocina toscana con productos locales.

Mesas al aire libre en La Loggetta

NOROESTE DE LA TOSCANA

La franja costera del noroeste de la Toscana es una región de escarpadas montañas, extensas planicies y bellos edificios románicos. Lucca, con sus esculturas renacentistas, fue una República de los Médicis independiente hasta la invasión de Napoleón. La bulliciosa ciudad universitaria de Pisa conserva su herencia cultural del siglo XI al XIII, cuando su armada dominaba el Mediterráneo occidental. Su majestuosa Piazza del Duomo medieval es Patrimonio de la Humanidad de la Unesco. Por su parte, Livorno ha crecido desde el siglo XVI hasta convertirse en un importante puerto comercial.

1 Imprescindible
p. 113

1 Dónde comer
p. 117

1 Tiendas y cafés
p. 116

Para alojamientos en la zona, ver p. 148

La evidente desviación de la torre inclinada de Pisa

Livorno es la segunda ciudad más grande de la Toscana, pero, comparada con Pisa, posee menos lugares de interés. Entre ellos, el *Monumento ai quattro mori* (1623-1626) del manierista Pietro Tacca, en el puerto; la zona de canales llamada Venezia Nuova, construida tras desmantelar en parte la Fortezza Nuova de Buontalenti, y el Museo Civico Giovanni Fattori. Este último es el principal representante de la escuela de pintura Macchiaioli (los impresionistas toscanos). Amedeo Modigliani y el compositor Pietro Mascagni también nacieron aquí.

1 Pisa

Pisa, una de las excursiones de un día favoritas entre quienes viajan a la Toscana, tiene otros tesoros, además de la famosa torre. El excepcional conjunto de edificios románicos llamado Piazza del Duomo, es uno de los principales lugares de interés de la región *(p. 34)*.

2 Livorno

C3 Via Alessandro Pieroni 18–20; visit-livorno.it

Aunque Pisa ya se encontraba bajo el dominio de Florencia en el siglo XVI, las malas condiciones de su puerto llevaron a Cosme I a encargar a Buontalenti la construcción de uno nuevo. Desde entonces, Livorno y Pisa son rivales.

3 Lucca

Otro lugar imprescindible, es una pequeña y elegante ciudad *(p. 54)* con conciertos en iglesias, fachadas románicas y exquisitas esculturas renacentistas.

4 Viareggio

C2 Piazza Curtatone; turismo.lucca.it

Lo mejor de Viareggio está fuera de los complejos playeros de Versilia. El estilo *art nouveau* de sus villas, cafés y edificios recuerda su pasado esplendor como destino vacacional en la década de 1920. Su colorido desfile de carnaval *(p. 82)* se celebra desde 1873 y es famoso tanto en Italia como en Europa.

Pintoresco canal de Venezia Nuova en Livorno

5 Canteras de mármol de Fantiscritti

 C2 9.00-atardecer

El color blanco de estas canteras, escenario inicial de la película de Bond, *Quantum of Solace*, hace que las cimas de los Alpes Apuanos parezcan nevadas todo el año. En Fantiscritti, un museo ilustra la historia de las herramientas de los picapedreros. Hay que seguir el río Carrione hasta el puente Vara.

6 Región de Garfagnana

 C2–D2 Piazza delle Erbe, Castelnuovo di Garfagnana

El valle del río Serchio, al norte de Lucca *(p. 54)*, está limitado al oeste por los Alpes Apuanos, donde se encuentra la Grotta del Vento (gruta de los vientos). Al este están las montañas Garfagnana. Los lugares de interés de la zona incluyen Borgo a Mozzano, con una posada y el bello Ponte del Diavolo. Cuenta la leyenda que el diablo lo construyó a condición de quedarse con la primera alma que lo cruzara (los paisanos enviaron a un perro). Los Bagni di Lucca fueron unas populares termas en el siglo XIX. También aquí abrió el primer casino público con licencia de Europa en 1837. El Duomo, obra de Barga, alberga un púlpito del siglo XIII de Guido da Como. Los duques de Este fueron propietarios de la fortaleza del siglo XIV Castelnuovo di Garfagnana y contrataron al poeta Ludovico Ariosto como recolector de impuestos.

7 Carrara

 C2 Piazza Alberica 10; 3358 343 272

De las canteras de Carrara proviene el mármol blanco empleado en las grandes esculturas, desde la antigua Roma hasta Henry Moore, pasando por Miguel Ángel. El Duomo de la ciudad fue construido con dicho material y sus calles están llenas de blancos edificios también de mármol. En la plaza principal, una placa con herramientas talladas identifica la casa donde vivió durante un tiempo Miguel Ángel. El Museo del Marmo contiene un antiguo altar romano de Edicola di Fantiscritti.

Busto en mármol de *David*, Carrara

8 Montecatini Terme

 D2 Baños: Viale Verdi 41 Viale Verdi 68; termemontecatini.it

Visitar esta elegante ciudad-balneario es como regresar al siglo XIX. Colina arriba se encuentra la ciudad medieval de Montecatini Alto, ideal para una escapada, mientras que las termas de Monsummano *(Piazza IV Novembre 75; 0572 959 228)* poseen unas saunas naturales situadas en cuevas.

Bañistas disfrutando de la hermosa playa de Forte dei Marmi

GIACOMO PUCCINI

El compositor de óperas (1858-1924) nació en el número 9 del Corte San Lorenzo, en Lucca. Un museo dedicado a él contiene el piano en el que compuso *Turandot*. Escribió sus obras maestras *La Bohéme, Tosca* y *Madame Butterfly* en su villa situada a orillas del lago Massaciuccoli. En la actualidad es un interesante museo.

9 Pontrémoli

B1

Emplazada en un rincón remoto al norte de la región se encuentra Pontrémoli, con su Museo delle Statue-Stele *(Castello di Piagnaro)*. Algunos de los menhires (monumentos funerarios) que aquí se conservan datan del 3000 a. C., los más elaborados desde 200 a. C.

10 Forte dei Marmi

C2 Via G Carducci 6; 0584 280 292

Este pequeño complejo turístico, conocido como la Riviera toscana, es muy popular entre la jet set. Su playa está bordeada de coloridas casetas de baño y en sus calles se encuentran *boutiques* de moda. El pueblo está rodeado de pinares, un entorno ideal para disfrutar de unos días nadando y tomando el sol.

PISA Y LUCCA EN UN DÍA

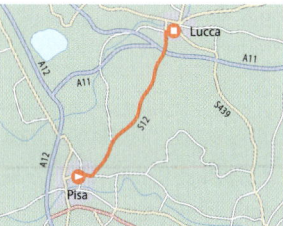

Mañana

Empieza la jornada en la **Piazza del Duomo** (p. 34), en **Pisa**. Admira los púlpitos de Pisano en el Duomo y la perfecta acústica del baptisterio. Visita el **Museo delle Sinopie,** donde podrás comparar bocetos originales de varios artistas con las reproducciones de los frescos terminados. Disfruta de los tesoros de la catedral en el **Museo dell'Opera del Duomo,** junto a la **torre inclinada** (p. 37). Después, cruza el río para contemplar la fachada de Santa Maria della Spina, adornada con estatuas. Camina por la ribera del Arno hasta el Ponte di Mezzo, gira a la derecha por Borgo Stretto y luego a la izquierda para llegar al mercado de Vettovaglie y almorzar en la **Trattoria Sant'Omobono** (p. 117).

Tarde

Toma un tren o conduce hasta **Lucca** (p. 54), donde tu primera parada será el **Duomo** (p. 61). Camina hasta la **torre Guinigi,** a la que merece la pena subir por las vistas. Sigue unos minutos más hacia el norte para llegar a la **Piazza Anfiteatro** y admirar la fachada de **San Frediano.** Visita los frescos *Milagros de san Frediano* y el cuerpo incorrupto de santa Zita, patrona de doncellas y damas de compañía. Regresa por **Via Fillungo** y sigue hacia el sur hasta **San Michele in Foro.** Termina el día en las murallas, que pueden recorrerse a pie o en una bicicleta alquilada.

Tiendas y cafés

1. Buccellato Taddeucci, Lucca
C2 Piazza San Michele 34
buccellatotaddeucci.it
Esta pastelería es la más antigua de Lucca. Hay que probar su afamado *Buccellato*; un dulce tradicional de Lucca cuya receta familiar es un secreto.

2. Caffè dell'Ussero, Pisa
C3 Lungarno Pacinotti 27
ussero.com
Contempla el Arno desde uno de los cafés literarios más antiguos de Italia.

3. Carli, Lucca
C2 Via Fillungo 95 0583 491 119
Antigua joyería en un edificio con bóvedas de 1800 decoradas al fresco. También vende relojes.

4. Enoteca Vanni, Lucca
C2 Piazza Salvatore 7
351 371 5000
La mejor enoteca de Lucca guarda cientos de botellas en un pequeño sótano.

5. Gran Caffè Margherita, Viareggio
C2 Viale Margherita 30
caffemargherita.it
Este histórico bar *art nouveau* de influencias moriscas que cuenta con

restaurante se encuentra en la principal calle comercial de Viareggio.

6. Gigolò&Void, Lucca
C2 Via Beccheria 13
Esta tienda de moda ofrece una colección de prendas elegantes y modernas, además de piezas clásicas para hombre.

7. Gelateria La Gigia, Montecatini Alto
D2 Piazza G Giusti 27
0572 030 680
Esta heladería familiar, situada en una bonita ciudad medieval sobre las termas de Montecatini, sirve deliciosos helados y sorbetes.

8. La Capannina, Forte dei Marmi
C2 Viale della Repubblica 16
lacapanninadifranceschi.com
La Capannina –mitad bar-restaurante, mitad local nocturno– lleva sirviendo los mejores refrigerios de este complejo playero desde 1929.

9. Bar Galliano, Viareggio
C2 Viale Marconi 127
galliano1923.com
Este histórico café emplazado en el corazón del paseo marítimo es muy conocido por sus excelentes helados, además de por sus magníficos cafés, pasteles y aperitivos.

10. Rossi, Viareggio
C2 Viale Margherita 50
gioielleriarossiviareggio.it
Rossi ha estado en manos de la misma familia durante cinco generaciones. En 1961, el padre, Giuliano, trasladó la tienda a esta prestigiosa ubicación, donde venden elegantes joyas de los principales creadores italianos. Fue la primera joyería y taller de la ciudad.

Escaparate de la pastelería Buccellato Taddeucci

Dónde comer

Comiendo en el popular Da Leo en Lucca

Se puede reservar una mesa en el patio de esculturas con vistas al jardín.

1. Romano, Viareggio

C2 ◍ Via Mazzini 120 ◍ lu; ma y mi comidas ◍ romanoristorante.it · €€€

Dirigido por la familia Franceschini, es un magnífico restaurante de marisco con excelente carta de vinos.

2. Trattoria Sant'Omobono, Pisa

C3 ◍ Piazza Sant'Omobono 6 ◍ 050 540 847 · €

Trattoria clásica especializada en la cocina pisana tradicional, con platos como *baccalà* (bacalao) y otros pescados.

3. La Buca di Sant'Antonio, Lucca

C2 ◍ Via della Cervia 3 ◍ do cenas, lu ◍ bucadisantonio · €€

El ambiente, el refinado pero cordial servicio y la excelente cocina lo convierten en una buena opción.

4. Antica Locanda di Sesto, cerca de Lucca

C2 ◍ Via Ludovica 1660 ◍ sá ◍ anticalocandadisesto.it · €€

Esta posada familiar lleva sirviendo platos elaborados con productos frescos de su granja desde el siglo XIV.

5. Extra, Carrara

C2 ◍ Viale Turigliano 13 ◍ do ◍ extracarrara.it · €€€

Situado en una torre de cristal y mármol, Extra es un restaurante contemporáneo con un menú imaginativo.

6. Venanzio, Colonnata, cerca de Carrara

C2 ◍ Piazza Palestro 3 ◍ 0585 758 033 ◍ do cenas, ju y Navidad-med ene · €€

No hay que perderse el *lardo di Colonnata* (manteca de cerdo a las hierbas), ni la gallina de Guinea con trufas.

7. Osteria dei Cavalieri, Pisa

C3 ◍ Via San Frediano 16 ◍ mi comidas, do ◍ osteriacavalieri.pisa.it · €€

Esta acogedora taberna situada en una torre medieval sirve unas magníficas judías y *funghi* (champiñones).

8. Ristorante Butterfly, Marlia, cerca de Lucca

C2 ◍ Via del Brennero ◍ mi ◍ ristorantebutterfly.it · €€€

Este galardonado restaurante con una estrella Michelin sirve comida creativa italiana de varias regiones. En verano se puede cenar en el jardín.

9. Da Leo, Lucca

C2 ◍ Via Tegrimi 1 ◍ 0583 492 236 ◍ mi y do cenas · €

Ajetreado y siempre concurrido restaurante. Lo mejor, la *zuppa ai cinque cereali*, una sopa a base de cereales y legumbres.

10. Il Romito, Livorno

C3 ◍ Via del Littorale 274 ◍ mi ◍ ilromito.it · €€

Espectacular emplazamiento en lo alto de un acantilado. En la carta destaca el pescado fresco.

LAS COLINAS DEL OESTE

Las localidades situadas en las colinas al oeste de Siena encarnan el prototipo de pueblo toscano. Las siluetas de las torres de piedra de San Gimignano –uno de los siete lugares de la Toscana, Patrimonio de la Humanidad– se recortan contra el azul del cielo y las calles medievales de Volterra están encaramadas "sobre un gran acantilado que recibe todos los vientos y mira a todos los mares del mundo", en palabras de D. H. Lawrence. Fuera de los itinerarios habituales, en el valle del Elsa se encuentran interesantes localidades, menos concurridas y donde aún pervive el genuino estilo de vida toscano.

❶ Imprescindible
p. 119

① Dónde comer
p. 123

① Tiendas y cafés
p. 122

Para alojamientos en la zona, ver p. 148

Vista panorámica de la aldea amurallada de Monteriggioni

1 Monteriggioni

📍 E4 🛈 Piazza Roma 23;
monteriggioniturismo.it

Esta pequeña aldea, habitual en las postales de la Toscana, solo tiene dos calles. Está rodeada por murallas medievales, cuyas 14 torres fueron comparadas por Dante con los titanes que guardan el último círculo de los infiernos. En julio se celebra un festival medieval de una semana de duración.

2 San Gimignano

El pueblo de las colinas por excelencia (p. 32) figura entre las visitas imprescindibles de la Toscana por su estupendo vino blanco, sus magníficos frescos góticos y sus torres medievales de piedra.

3 Volterra

📍 D4 🛈 Piazza dei Priori 19–20;
volterratur.it

La artesanía de alabastro es la especialidad de esta localidad. El Museo Etrusco Guarnacci (p. 62) contiene una maravillosa colección de arte etrusco y las desgastadas cabezas de basalto que adornan la Porta all'Arco (siglo IV a. C.) representan a dioses etruscos. Los restos de un teatro y unos baños romanos se aprecian mejor desde el mirador situado junto a la Via Guarnacci. La catedral románica del siglo XIII, con sus techos tallados, alberga tesoros bizantinos y renacentistas, mientras que en la Pinacoteca se conserva intacto un retablo de Taddeo di Bartolo de 1411. También atesora el último cuadro que pintó Ghirlandaio, *Apoteosis de Cristo* (1492), una *Anunciación* de Luca Signorelli (1491) y el *Descendimiento* (1521) del manierista Rosso Fiorentino.

4 Massa Marittima

📍 D4 🛈 Piazza Garibaldi;
museimassamarittima.it

Este antiguo pueblo minero cuenta con varios museos dedicados a dicha actividad. En la ciudad vieja merece la pena ver los relieves de la Edad Media que decoran el Duomo (p. 60), de estilo románico. El Palazzo del Podestà se remonta a principios del siglo XIII. La ciudad nueva, en la parte alta, alberga la torre del Candeliere, de estilo gótico, y las murallas, con magníficas vistas de la localidad y las Colline Metallifere. El Museo de Arte Sacro, en el complejo de San Pietro all'Orto (abierto 9.30–13.00 y 14.30–18.00 diario), atesora la *Maestà* (década de 1330) de Lorenzetti y un pequeño menhir preetrusco con forma humana.

Bonito plato de cerámica, Massa Marittima

5 San Galgano

📍 E4 🏛 Abbazia di S Galgano
🕐 9.00–20.00 diario 🅿

Las ruinas de una abadía cisterciense del siglo XIII y la capilla situada en una colina cercana están asociadas a una leyenda, según la cual un soldado del siglo XII hundió su espada en una roca *(p. 41)* para señalar así el fin de sus días como guerrero. Los frescos de Lorenzetti (1344) ilustran la visión sagrada que desencadenó la acción.

6 Empoli

📍 D3 ℹ Via C. Ridolfi, 70;
057 176 714

Varios palacios y la iglesia románica de Sant'Andrea rodean la Piazza Farinata degli Uberti. El Museo della Collegiata di Sant'Andrea contiene una *Pietà* de Masolino da Panicale (1425) y una fuente de Bernardo Rossellino (1447). De Masolino es asimismo el fresco *Virgen y Niño*, en la iglesia de Santo Stefano. También está aquí *La Anunciación* de Rossellino.

7 Colle di Val d'Elsa

📍 E3 ℹ Via del Castello 33;
0577 922 791

Se entra por el lado oeste para ver la puerta manierista del Palazzo Campana, realizada por Baccio d'Agnolo. El Duomo conserva un crucifijo de bronce, obra de Giambologna y Pietro Tacca y un clavo que se cree que procede de la cruz de Cristo. El museo arqueológico del Palazzo Pretorio, una antigua prisión, muestra los grafitis de las celdas, realizados por miembros del Partido Comunista italiano encarcelados aquí en la década de 1920. La fachada recubierta de grafito del Palazzo dei Priori esconde un museo de pintura sienesa.

8 San Miniato

📍 D3 ℹ Piazza del Popolo 1;
0571 42745

Federico II hizo construir la fortaleza de la Rocca en la cima de la colina cuando San Miniato era bastión del Sacro Imperio Romano Germánico. La fachada románica del Duomo está decorada con mayólica del siglo XIII.

9 Castelfiorentino

📍 D3 ℹ Via Ridolfi 13; 0571 629 049

Santa Verdiana, ubicada en la ciudad de Castelfiorentino, es la iglesia

---

DANTE

Dante Alighieri (1265-1321) fue embajador diplomático de los güelfos blancos (partidarios del papa) de Florencia en San Gimignano. Desterrado de Florencia cuando los güelfos negros tomaron el poder, Dante viajó por toda Italia escribiendo poesía, incluida la *Divina comedia*. Su utilización de la lengua vernácula de la Toscana (en lugar del latín) sentó las bases de la lengua italiana.

Visitando las ruinas de la abadía de San Galgano

barroca más atractiva y famosa de la Toscana. Los frescos que decoran su interior representan la singular vida de Verdiana, que se encerró en una celda durante 34 años con dos serpientes, enviadas por Dios para probar su fe. También hay un museo con una buena colección de pintura y más de 100 piezas de plata y vestiduras.

10 Certaldo

⬛ D3 🔲 Via Giovanni Boccaccio 16; 0571 652 730

En esta localidad de edificios de piedra los artistas renacentistas del siglo XV, Benozzo Gozzoli y Giusto d'Andrea trabajaron en el tabernáculo *Giustiziati,* en la antigua iglesia de Santi Tommaso e Prospero, hoy parte del complejo museístico del Palazzo Pretorio. En la iglesia de Santi Michele e Jacopo, un busto de 1503 y una lápida de 1954 recuerdan a Boccaccio (1313-1375), autor del *Decamerón* y probablemente nacido aquí. La Casa di Boccaccio, donde pasó sus últimos años, es ahora un museo. Alberga una biblioteca, donde se exponen impresionantes ediciones ilustradas de la obra.

Techos cubiertos de frescos en el Palazzo Pretorio, Certaldo

UN DÍA EN LAS COLINAS DEL OESTE

Mañana

Empieza en **Volterra** (p. 119) visitando San Francesco y los frescos de la *Leyenda de la Vera Cruz*. En la Piazza dei Priori, admira el Palazzo dei Priori (1208-1257), el ayuntamiento gótico más antiguo de la Toscana y modelo de muchos otros, incluido el Palazzo Vecchio de Florencia. Visita el Duomo, cuya entrada está en un rincón de la plaza. Tras una pausa para tomar un café en L'Incontro (p. 122), regresa a la plaza y baja por Via dei Sarti hasta la Pinacoteca con su *Descendimiento* de Fiorentino, una obra maestra del manierismo florentino. Continúa por esta calle hasta Via di Sotto, donde hay talleres de alabastro, y después por Via Don Minzoni para visitar el Museo Etrusco Guarnacci (p. 62).

Tarde

Recorre los 8 km (en coche o en dos autobuses) hasta **Mazzolla** para almorzar en la Trattoria Albana (p. 123), antes de continuar otros 28 km hasta **San Gimignano** (p. 32). Asegúrate de llegar antes de las 16.00 si es invierno, cuando todo cierra antes. Admira los frescos de la Collegiata y sube a la torre Grossa para disfrutar de la vista. Si aún te queda tiempo, pasa por el Museo Cívico y luego dirígete al otro extremo de la localidad para ver los frescos de Benozzo Gozzoli en Sant'Agostino (antes de las 18.30). No te pierdas la puesta de sol sobre las torres desde la fortaleza de la Rocca.

Clientes en la popular Gelateria Dondoli

Tiendas y cafés

1. Gelateria Dondoli, San Gimignano
🅟 D3 🏠 Piazza della Cisterna 4
🌐 gelateriadondoli.com
Los mejores helados y sorbetes de la localidad con sabores originales como pomelo rosa y vino espumoso.

2. Tiendas de recuerdos, San Gimignano
🅟 D3 🏠 Via S Giovanni
Esta calle está llena de tiendas de recuerdos, que venden ballestas, espadas y otras armas medievales.

3. Società Cooperativa Artieri Alabastro, Volterra
🅟 D4 🏠 Piazza dei Priori 5
🌐 artierialabastro.it
Desde 1895 los artesanos de alabastro que no poseen tienda propia venden aquí sus creaciones al público.

4. Manufactum, Colle Val d'Elsa
🅟 E3 🏠 Via del Castello 32
🌐 manufactum.it
Cerámica toscana elaborada y pintada a mano en la propia tienda.

5. Enoteca Le Logge, Massa Marittima
🅟 D4 🏠 Piazza Garibaldi 11/12/13
📞 0566 914 345
Sencillo y excelente café con un pórtico decorado con frescos que da a la *piazza*. Merece la pena probar sus bocadillos y helados.

6. D! Vineria, San Gimignano
🅟 D3 🏠 Piazza delle Erbe 1
🌐 divineria.it
Esta vinatería tiene una terraza diminuta, pero asombrosa, y una magnífica selección de vino. También hay algo para picar.

7. L'Incontro, Volterra
🅟 D4 🏠 Via Matteotti 18 📧 mi
🌐 incontrobarvolterra.it
Una encantadora pastelería-bar en una amplia sala medieval abovedada. El helado artesano se agota pronto.

8. Belli, Colle Val d'Elsa
🅟 E3 🏠 Via Diaz 12–14
📞 0577 926 749
Belli mantiene la tradición etrusca de trabajar el cristal. Vende elegantes diseños y recuerdos.

9. Il Cantuccio di Federigo, San Miniato
🅟 D3 🏠 Via P Maioli 67 📞 0571 418 344
Los Gazzarrini llevan elaborando tartas y galletas desde hace cinco generaciones. Hay más de 40 variedades de Vin Santo para acompañar a los *cantucci*.

10. Spartaco Montagnani, Volterra
🅟 D4 🏠 Via Porta all'Arco 6
🌐 arteinbottegavolterra.it
La tienda de Spartaco, en el centro de la ciudad, ofrece esculturas en bronce originales y réplicas de arte etrusco.

Dónde comer

1. Dorandò, San Gimignano

📍 D3 🏠 Vicolo dell'Oro 2 🕐 lu
🌐 ristorantedorando.it · €€

Este elegante restaurante con muros de piedra mantiene vivas las recetas tradicionales, recuperando platos medievales y renacentistas. La carta explica cada plato al detalle.

2. Osteria delle Catene, San Gimignano

📍 D3 🏠 Via Mainardi 18 🕐 mi, oct-mar: do cenas 🌐 osteriadelle catene.it · €€

Esta *osteria*, con un comedor abovedado e iluminación suave, sirve una magnífica selección de quesos y embutidos.

3. La Mangiatoia, San Gimignano

📍 D3 🏠 Via Mainardi 5 ☎ 0577 941 094 🕐 ma · €€

Establecimiento con una ubicación y una decoración magníficas. Ofrece una excelente cocina toscana. Ambiente animado y música clásica.

4. La Tana dei Brilli, Massa Marittima

📍 D4 🏠 Vicolo Ciambellano 4
☎ 0566 901 274 🕐 mi · €€

Esta *osteria* está llena de encanto. Los platos tienen un fuerte arraigo en la Maremma y se preparan con ingredientes como harina de castaña y jabalí.

5. Trattoria del Sacco Fiorentino, Volterra

📍 D4 🏠 Via Giusto Turazza 13
☎ 0588 88 537 🕐 mi · €€

Trattoria con especialidades tradicionales de temporada y excelentes vinos.

6. Taverna del Vecchio Borgo, Massa Marittima

📍 D4 🏠 Via Norma Parenti 12
☎ 0566 903 950 🕐 Comidas y lu · €€

Hay que probar el *tris de primi* (menú degustación de tres platos) en este agradable restaurante ubicado en una bodega evocadora.

7. Del Duca, Volterra

📍 D4 🏠 Via di Castello 2
☎ 0588 81 510 🕐 mi · €€

Restaurante especializado en la cocina de Volterra supervisada por el alegre chef propietario Genuino.

8. Arnolfo, Colle di Val d'Elsa

📍 E3 🏠 Via della Rimembranza 24
🕐 ma y mi 🌐 arnolfo.com · €€€

Un restaurante con dos estrellas Michelin en un *palazzo* del siglo XV. Cocina refinada, así como una excelente selección de vinos. Lo ideal es conseguir mesa en su pintoresca terraza.

9. Trattoria Albana, cerca de Volterra

📍 D4 🏠 Via Comunale 69 Loc., Mazzolla ☎ 0588 39 001 · €

Trattoria tradicional cuyo plato estrella son los raviolis con gallina de Guinea.

10. La Sosta di Pio VII, Barberino Val d'Elsa

📍 E3 🏠 Località Sosta del Papa
🌐 osterialasostadipiovii.it · €

Platos sencillos, como pasta con ragú de conejo y *tagliata* (filete) con achicoria.

Elegante comedor en el restaurante Del Duca

SUR DE LA TOSCANA

Si existió alguna vez una tierra bendecida por Baco, esta fue sin lugar a dudas el paisaje al sur de Siena con sus onduladas colinas. El suelo de arcilla es el idóneo para la vid y el olivo. De esta región proceden dos magníficos tintos: Brunello di Montalcino y Vino Nobile di Montepulciano. Y en las colinas alrededor de Pienza, hay ricos pastos para el ganado bovino, cuya leche produce los mejores quesos de oveja. Ciudades medievales sobre colinas, monasterios, palacios renacentistas, obras de arte de la Escuela Sienesa y enterramientos etruscos completan el paisaje.

1 Montepulciano

F4 Piazza Don Minzoni 1; prolocomontepulciano.it

Esta ciudad posee bellos edificios de los mejores arquitectos del Renacimiento y el segundo vino más importante de la Toscana: el Vino Nobile (p. 75). En la Via Gracciano nel Corso están los *palazzi* renacentistas de Vignola y Antonio da Sangallo el Viejo. Destacan también las urnas etruscas del Palazzo Bucelli (en el n.º 73). La Piazza Grande está flanqueada por palacios de Sangallo, el Duomo y el Palazzo Comunale, de Michelozzo. En el interior del Duomo hay esculturas de este mismo artista. El retablo dorado (1401) es del maestro Taddeo di Bartolo. Bajo las murallas de la ciudad se encuentra el Tempio di San Biagio (1518-1534), de Sangallo, modelo de precisión geométrica y ejemplo de la

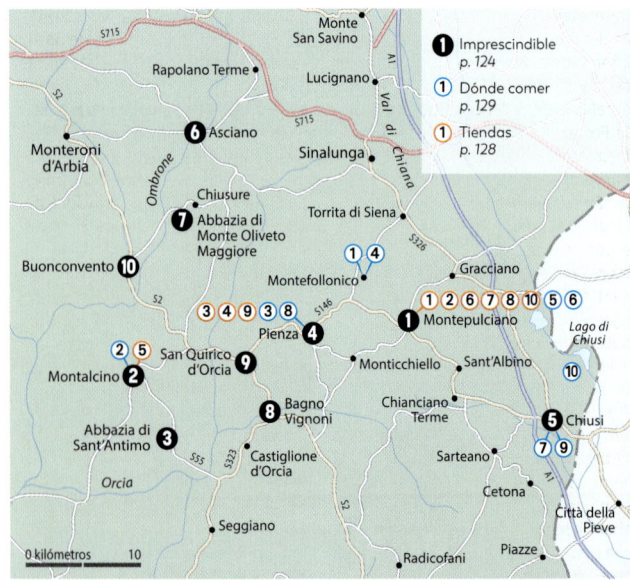

Para alojamientos en la zona, ver p. 149

Típicos edificios renacentistas de Montepulciano

moda, surgida en el Renacimiento tardío, de construir iglesias con planta de cruz griega.

2 Montalcino
📍 E4 ℹ️ Piazza del Popolo; montalcino.net

La tierra del Brunello, el caldo más intenso de la Toscana, es una localidad pequeña pero interesante. Alberga la excelente tienda de vinos Enoteca La Fortezza *(p. 128)*, ubicada en una fortaleza del siglo XIV, una plaza principal con dos niveles y una torre de 1292. La fortaleza domina la localidad desde lo alto y ofrece unas vistas espectaculares. El Museo Cívico e Diocesano posee pinturas de Simone Martini, Sano di Pietro y Vecchietta, además de esculturas de madera policromada de Francesco di Valdambrino.

3 Abbazia di Sant'Antimo
📍 E5 🕐 10.00-18.30 diario
🌐 antimo.it

A unos 10 km al sureste de Montalcino, en plena campiña, se alza esta iglesia abacial de estilo románico francés. En ella se organizan conciertos y talleres de espiritualidad.

4 Pienza
📍 F4 ℹ️ Corso il Rossellino 30; 0578749905

Este conjunto de edificios, declarado Patrimonio de la Humanidad por la Unesco, incluye un ayuntamiento neogótico, un palacio arzobispal (sede del Museo Diocesano, con obras de Bartolo di Fredi, Pietro Lorenzetti y Vecchietta), un palacio papal con magníficos jardines y un Duomo *(duomopienza.it)*. El Palazzo Piccolomini, adyacente al Duomo, sirvió de residencia a los descendientes de Pío II hasta 1968. En el Corso Rossellino, la calle principal, hay numerosas tiendas de vinos y quesos.

Quesos variados a la venta en una tienda de Pienza

El claustro con frescos de la Abbazia di Monte Oliveto Maggiore

5 Chiusi
⚐ F5 ❖ Via Porsenna 79;
prolocochiusi.it
El Museo Archeologico Nazionale Etrusco de Chiusi atesora *bucchero* (vasijas etruscas pintadas de negro), urnas funerarias del siglo II a. C., bronces y ánforas canópicas. Además, aquí se pueden comprar las entradas para visitar las tumbas etruscas del valle, entre ellas la tumba del León, el Peregrino y el Mono. El Duomo, del siglo XII, está cubierto de frescos (1887-1894) que simulan mosaicos medievales. El Museo della Cattedrale, al lado, conserva manuscritos iluminados procedentes de la Abazzia di Monte Oliveto Maggiore. Se puede contratar aquí una visita guiada de las galerías subterráneas etruscas Labirinto di Porsenna.

6 Asciano
⚐ E4 ❖ Via Amos Cassioli 2;
prolocoasciano.it
Esta población medieval se alza en las colinas Crete Senesi con su recinto amurallado del siglo XIV y la colegiata románica de piedra travertina. En su calle principal, Corso Matteotti, se suceden tiendas y palacios. En la Piazza della Basilica hay una gran fuente de 1472, y frente a esta se alza la Basilica di Sant'Agata, un templo románico de finales del siglo XIII. El Palazzo Corboli, con frescos del siglo XIV, alberga las colecciones arqueológicas y de arte sacro de la localidad; destacan los paneles de Ambrogio Lorenzetti. El Museo Cassioli es el único de la provincia de Siena dedicado al arte de la Escuela Sienesa del siglo XIX.

7 Abbazia di Monte Oliveto Maggiore
⚐ E4 ◈ Monte Oliveto Maggiore
◷ Los horarios varían, consultar la página web ⬚ monteoliveto maggiore.it
Este monasterio benedictino de 1313 en lo alto de una colina alberga un claustro cuyo conjunto mural ilustra la *Vida de san Benedicto,* una obra maestra de la pintura narrativa renacentista. Sus autores son Signorelli (las ocho

VIDA MONÁSTICA
Los benedictinos vivían retirados en monasterios y se dedicaban a la vida contemplativa. Los franciscanos y dominicos (como Savonarola, *p. 88),* en cambio, eran órdenes predicantes, que preferían construir iglesias en grandes ciudades, para así atraer a los fieles. Casi todos eran eruditos y empleaban su conocimiento sobre hierbas con fines comerciales.

UN DÍA EN LA ZONA VINÍCOLA

Mañana

Empieza la visita en el Museo Archeologico Nazionale Etrusco de **Chiusi** a las 9.00. Luego cruza la *piazza* para unirte a una visita guiada del Labirinto di Porsenna. Salen cada 40 minutos, así que tal vez puedas dedicarle también 10 minutos al Museo della Cattedrale. Toma la carretera S146 hasta **Montepulciano** (p. 124). Deja el coche a la entrada de la ciudad y sube por la Via Gracciano nel Corso, deteniéndote por el camino para sumarte a alguna cata de vinos. Haz una parada en Caffè Poliziano (*Via Voltaio nel Corso 27-29*) para disfrutar de un almuerzo ligero y de las magníficas vistas.

Tarde

Después de comer, sigue por la calle principal y entra en el Gesù para admirar la falsa cúpula pintada por Andrea Pozzo. Luego dirígete a la Piazza Grande y al Duomo. A continuación, conduce hasta **Pienza** (p. 125), pero justo antes de llegar a la S146 para en la Via dei Canneti para echar un vistazo rápido al Tempio di San Biagio. En Pienza visita los retablos del Duomo y el Palazzo Piccolomini, de Pío II. Un callejón lateral que sale del palacio lleva a la Via Gozzante, con buenas vistas. Continúa hacia **Montalcino** (p. 124). En verano, contempla la puesta de sol desde la fortaleza; en invierno, opta por el Caffè Fiaschetteria Italiana, en la plaza principal.

escenas de la pared oeste; 1497-1498) y Sodoma (las otras 25 escenas; 1505-1508). Sodoma insertó un autorretrato en la tercera escena.

8 Bagno Vignoni
⧉ F5
Las casas de esta encantadora aldea rodean una gran alberca de aguas naturales y un pórtico construido por los Médicis. Lorenzo el Magnífico y santa Catalina se trataron aquí, pero la antigua piscina ya no está en uso. Hoy los baños termales están gestionados por el municipio y ofrecen varias terapias.

9 San Quirico d'Orcia
⧉ E4 🛈 Via Dante Alighieri 33; san-quirico.com
Esta agradable localidad agrícola tiene tallas románicas del siglo XII en los tres pórticos de su colegiata. Se ven muchas criaturas fantásticas, capiteles que descansan sobre diminutos atlantes y estrechas columnas entrelazadas y sostenidas por leones desdentados. En el interior hay un retablo de Sano di Pietro.

10 Buonconvento
⧉ E4 🛈 Piazzale Garibaldi; prolocobuonconvento.com
El diminuto centro histórico esconde un excelente Museo d'Arte Sacra, con obras de la Escuela Sienesa de Duccio, Sano di Pietro y Matteo di Giovanni, autor también de una *Virgen con Niño*, en la iglesia del siglo XIV Santi Piero e Paolo.

Tiendas

Tienda de la bodega Contucci, Montepulciano

1. Contucci, Montepulciano
⟐ F4 🏠 Via del Teatro 1 🌐 contucci.it
Estas laberínticas bodegas se hallan dentro de un *palazzo* renacentista. Venden Vino Nobile con denominación de origen y un dulce Vin Santo.

2. Gattavecchi, Montepulciano
⟐ F4 🏠 Via Collazzi 74 🕐 11.00-17.00 ju-ma 🌐 toppetta.it
Destacada bodega en unas cuevas. Vende Vino Nobile además de aceite de oliva. Se cobra una pequeña tarifa por la degustación.

3. La Bottega del Naturista, Pienza
⟐ F4 🏠 Corso Rossellino 16 🕐 9.00-13.00 y 15.00-19.00 ju-ma 🌐 pecorinopienza.it
Vende *pecorino*, miel, patés y conservas.

4. Biagiotti & Figli, Pienza
⟐ F4 🏠 Corso Il Rossellino 67 🌐 biagiottipienza.com
Bellos artículos de hierro forjado: desde cabeceras de cama y candelabros hasta lámparas de araña, todo elaborado de manera artesanal siguiendo las tradiciones.

5. Enoteca La Fortezza, Montalcino
⟐ E4 🏠 Piazzale Fortezza 🕐 9.00-20.00 diario 🌐 enotecalafortezza.com
Esta histórica tienda ofrece la mejor selección de vinos (y otros productos) en las excepcionales ruinas de la fortaleza medieval de la localidad.

6. Aliseda, Montepulciano
⟐ F4 🏠 Via dell'Opio nel Corso 8 🌐 aliseda.it
Joyas de oro únicas a precios elevados; diseños inspirados en antiguas piezas de museo.

7. Maledetti Toscani, Montepulciano
⟐ F4 🏠 Vicolo di Voltaia 40 🕐 10.30-19.00 diario 🌐 maledettitoscani.com
Un poco de todo: artículos de piel, de hierro forjado y pucheros de cobre.

8. Bottega del Rame, Montepulciano
⟐ F4 🏠 Via dell'Opio nel Corso 64 🕐 10.00-19.00 diario 🌐 rameria.com
La familia Mazzetti vende una amplia variedad de hermosos artículos de orfebrería.

9. Enoteca di Ghino, Pienza
⟐ F4 🏠 Via del Leone 16 🕐 9.00-13.00 y 14.30-19.30 diario
🗓 Invierno: lu y mi 🌐 enotecadighino.it
Una de las mejores tiendas de vinos de la Toscana, con una buena selección de todos los precios.

10. Legatoria Koiné, Montepulciano
⟐ F4 🏠 Via Gracciano nel Corso 22 🕐 10.00-19.00 lu-sá 🌐 legatoria
koine.it
Bonitos cuadernos y álbumes con tapas de cuero, cada uno elaborado artesanalmente en la *bottega* con piel de la mejor calidad.

Dónde comer

1. La Chiusa, Montefollonico
📍 F4 🏠 Via della Madonnina 88 (cerca de Montepulciano/Pienza) 🕐 lu 🌐 lachiusatuscany.com · €€€
Situada en una almazara del siglo XVIII, sirve creativa cocina toscana preparada con ingredientes locales de temporada.

2. Ristorante Il Giglio, Montalcino
📍 E4 🏠 Via Soccorso Saloni 5 🕐 ma 🌐 gigliohotel.com · €€€
Un restaurante refinado situado en la localidad de Montalcino. Famoso por su cocina innovadora y por su excelente bodega. Aconsejable reservar.

3. Trattoria Latte di Luna, Pienza
📍 F4 🏠 Via San Carlo 2–4 📞 0578 748 606 · €
Suculenta cocina toscana sin pretensiones. Pruebe los *pici*, con tomates al ajo, o el cochinillo.

4. La Botte Piena, cerca de Montefollonico
📍 F4 🏠 Piazza Cinughi 12, Torrita di Siena 📞 0577 669 481 🕐 mi · €€
En su comedor, con vigas de madera, se sirven recetas basadas en las tradiciones de la campiña sienesa.

5. Acquacheta, Montepulciano
📍 F4 🏠 Via del Teatro 22 🕐 ma y mi · €
Un santuario de la *bistecca*. Se ofrecen filetes al peso, que se cocinan brevemente a la parrilla. Entre los acompañamientos se incluye el *pecorino* fundido con pera.

6. Ristorante La Grotta, Montepulciano
📍 F4 🏠 Via San Biagio 15 🕐 mi 🌐 lagrottamontepulciano.com · €€
Emplazado en un edificio renacentista con techos abovedados de terracota, sirve cocina toscana de alta categoría.

7. Ristorante Bar Il Bucchero, Chiusi
📍 F5 🏠 Via Bonci 28 📞 0578 222 092 🕐 mi · €
Trattoria informal con cocina al estilo casero. Muy recomendables los raviolis, pici o *tagliatelle* con setas porcini y trufas.

8. Osteria Sette di Vino, Pienza
📍 F4 🏠 Piazza di Spagna 1 📞 0578 749 092 🕐 mi · €
Pequeña *osteria* que sirve varias clases de *pecorino*, buenos embutidos y un aliño casero para ensaladas.

9. La Solita Zuppa, Chiusi
📍 F5 🏠 Via Porsenna 21 🕐 ma 🌐 lasolitazuppa.it · €
Local que ofrece platos toscanos tradicionales del sur, como *pici* con salsa de pato y tripa florentina.

10. Ristorante Pesce d'Oro, Lago di Chiusi
📍 F4 🏠 Località Sbarchino 36 🕐 ma 🌐 ristorantepescedoro.it · €
Restaurante informal situado junto al tranquilo lago Chiusi, de donde proviene el pescado del día. Carta a base de pescado y buena selección de vinos.

Delicioso plato de carne en Acquacheta, Montepulciano

COSTA SUR Y MAREMMA

Es el rincón menos conocido de la Toscana, una extensa planicie con pequeñas colinas sobre las que se asientan antiguas poblaciones como Pitigliano y Sorano. Los valles de la región de Maremma, cuyos primeros habitantes fueron los etruscos, seguidos por los romanos, esconden enterramientos etruscos, altares y pasajes subterráneos. Era la capital y el granero de Etruria y albergaba importantes ciudades. Pero los romanos no mantuvieron el amplio sistema de regadío existente, y este paraíso agrícola no tardó en convertirse en una zona pantanosa, caldo de cultivo de la malaria. La población se vio diezmada, las ciudades se derrumbaron y Maremma quedó abandonada a su suerte. Tuvieron que pasar varios siglos hasta que, en 1828, el gran duque Leopoldo I empezó a drenar nuevamente la tierra. En la actualidad, es la parte de la Toscana que mejor conserva el patrimonio etrusco. También tiene el parque natural más importante de la región y las islas del mar Tirreno.

Para alojamientos en la zona, ver p. 149

1 Pitigliano
⚐ F6 ℹ Piazza Garibaldi 16;
visitpitigliano.com

Pitigliano está construida enteramente sobre terreno rocoso. Destaca por su ambiente medieval, aunque el Palazzo Orsini (con estructura original del siglo XIII y añadidos posteriores de Giuliano da Sangallo) alberga, además de sus habitaciones, varios museos con hallazgos etruscos, entre ellos el Museo Civico Archeologico. La sinagoga organiza visitas por el pequeño barrio Judío, en su mayor parte desaparecido tras las deportaciones nazis.

2 Elba
⚐ C5 ℹ Via Vittorio Emanuele II 2,
Portoferraio; infoelba.com

Esta pequeña isla, con magníficas playas, recibe su nombre de *Aethalia*, palabra griega que designa las chispas producidas en las forjas al trabajar el hierro. Portoferraio, a donde llegan los ferris procedentes de Piombino,

Atractivo muelle del Porto Azzurro, Elba

alberga tres fuertes, la Villa dei Mulini, donde vivió Napoleón (es más interesante la de San Martino, al sur), y un pequeño museo arqueológico. Porto Azzurro, actualmente un complejo turístico, era el puerto español en la isla. Capoliveri tiene bellas callejuelas medievales y una intensa vida nocturna. Por su parte, Marciana es una buena base desde la que explorar la mitad occidental de la isla.

3 Monti dell'Uccellina
⚐ E6 ⚑ Entrada al parque en
Alberese ⏰ 8.30–atardecer diario
🌐 parco-maremma.it ⚑

El mayor parque protegido de la Toscana, los Monti dell'Ucellina ocupan una gran extensión de bosques de pinos donde habitan jabalíes, ciervos y puercoespines. Al norte hay playas y una marisma con varias especies de aves. Los *butteri* (vaqueros) están a cargo de manadas de caballos salvajes y del ganado vacuno de la Maremma. Los autobuses para el parque salen de Albarese.

4 Monte Argentario
⚐ E6 ℹ Piazzale del Valle,
Porto Santo Stefano; monte argentario.info

Esta tranquila y elegante península es en realidad casi una isla circular, unida al continente por carretera. Las fortificaciones que salpican el paisaje datan en su mayoría del siglo XVI. Una manera estupenda de admirar la península es desde un barco.

5 **Grosseto**
📍 E5 ℹ️ Corso Carucci 5; comune.grosseto.it

Grosseto cuenta con el Museo Civico Archeologico e d'Arte della Maremma, que alberga piezas etruscas. La mayoría de los objetos excavados en la Maremma se encuentran aquí, junto con obras procedentes de las iglesias de la ciudad, incluido un *Juicio Final* del siglo XIII, de Guido da Siena, y una *Madonna de las cerezas*, de Sassetta. La iglesia de San Francisco, del siglo XIII, conserva fragmentos de frescos y un *Cristo crucificado* (1285) atribuido a Duccio.

6 **Populonia**
📍 C5 🏛️ Baratti 🕐 Necrópolis: los horarios varían, consultar la página web 🌐 parchivaldicornia.it 🔗

La importancia de la bahía de Baratti como puerto minero ayudó a preservar las necrópolis etruscas de Populonia. Seis de las tumbas se muestran al público y algunas permanecen intactas. En el Museo Gasparri se exponen muchos de los objetos de las excavaciones, como ornamentos de bronce y objetos funerarios.

7 **Saturnia**
📍 E6 🌐 termedisaturnia.it

Lo que atrae a los visitantes a Saturnia no es la localidad ni el castillo del siglo XV, sino relajarse en las aguas termales. Estas termas de propiedades minerales surten un elegante balneario de cuatro estrellas, un complejo hotelero y el manantial al aire libre llamado Cascate del Mulino, que desciende colina abajo dando lugar a numerosos estanques y cascadas termales.

8 **Sovana**
📍 F6

Esta localidad fue en otro tiempo ciudad etrusca, *municipium* romano y lugar de nacimiento del papa Aldobrandeschi Gregorio VII, cuyo papado duró 12 años. En la plaza principal están el *palazzo* medieval Pretorio y la iglesia de Santa Maria, con frescos del siglo XIX y un baldaquín

LAS *VIE CAVE*

No se sabe con certeza por qué los etruscos excavaban estos túneles subterráneos de hasta 20 m de profundidad en el rocoso subsuelo de la Maremma. Muchos se extienden durante kilómetros entre asentamientos. Su finalidad pudo ser defensiva, religiosa (algunos conducen hasta enterramientos y altares), ganadera o una combinación de todas ellas.

Ruinas de la Tomba Ildebranda, la necrópolis de Sovana

del IX. El Duomo, construido entre los siglos VIII y XIII, conserva relieves de la Edad Media. El valle y las colinas que rodean Sovana están llenos de letreros que señalan enterramientos etruscos y las *vie cave;* la mejor es la Tomba Ildebranda.

9 Sorano

📍 F5 ℹ️ Piazza del Municipio 15; comune.sorano.gr.it

Sorano es una antigua ciudad etrusca encaramada en una roca. La *fortezza* restaurada Aldobrandeschi, del siglo XI (ampliada por los Orsini en el año 1552), es en la actualidad mitad museo medieval, mitad el Hotel della Fortezza *(p. 149).* La fortaleza Massa Leopoldino, del XVIII, también está abierta al público.

10 Isola del Giglio

📍 D6 ℹ️ Via Provinciale 9; isoladelgiglio.it

Esta isla montañosa, situada junto al monte Argentario y unida por ferri a Porto Santo Stefano, alberga la aldea medieval de Castello, una playa en el puerto y un sencillo complejo turístico con playa en la bahía de Campese. Ansonico es el vino local, muy popular entre los visitantes de fin de semana.

Disfrutando de las aguas minerales de Saturnia

LO MEJOR DE MAREMMA

Mañana

Empieza el día en **Saturnia.** Dirígete a los manantiales de aguas termales de la **Cascate del Mulino** *(p. 66),* al sur de la localidad. Tras el baño, conduce en dirección este hacia Sovana. Busca los carteles que indican el camino a las ruinas etruscas (tomba, ipogeo) y las rutas semisubterráneas a través de la tufa volcánica *(vie cave).* Destaca especialmente la **Tomba Ildebranda.** Después prosigue hasta La Taverna Etrusca *(p. 135),* en **Sovana,** para almorzar. Visita la iglesia de Santa María y el Duomo, que conserva algunas tallas románicas.

Tarde

Continúa en dirección este hacia **Sorano** para visitar la Fortezza degli Orsini (por la tarde abre a las 16.00), un fuerte del siglo XI que alberga un museo. Dedica algo de tiempo a recorrer el barrio abandonado de Via delle Rovine, junto al acantilado. Termina el día en el más bello de los pueblos de la Maremma, **Pitigliano** *(p. 131).* Asegúrate de llegar antes de las 17.00 para entrar al moderno museo arqueológico, emplazado en un *palazzo* fortificado. El barrio Judío y el museo abren algo más tarde. Desde el mirador panorámico que hay más allá de la puerta este contempla cómo se ilumina al atardecer el pueblo, que parece emerger de la roca.

Ocio

1. Senderos del Parco Naturale della Maremma y Monti dell'Uccellina
▮ E6 **ⓦ** parco-maremma.it **▯**
La Strada degli Olivi conduce a una hermosa playa. El sendero 1 (7,2 km) recorre las ruinas de la abadía de San Rabano. El sendero 2 (6 km) pasa por las torres medievales hasta la costa rocosa. El sendero 3 (9,6 km) explora cuevas prehistóricas. El sendero 4 (12 km) recorre prácticamente todo el parque. Algunos senderos permanecen cerrados de junio a septiembre.

2. Enterramientos etruscos
▮ F6 **ⓦ** eviecave.it
En Sovana o en la fortaleza de Sorano hay mapas para explorar las tumbas y *vie cave* ocultas por la región.

3. Aguas termales de Saturnia
Estos manantiales termales, ricos en minerales *(p. 132)*, son ideales para relajarse.

4. Playas de Elba
▮ C5
Hay que visitar las apartadas calas de la zona noreste. La costa occidental es ideal para el buceo y en Fetovaia hay calas de arena.

5. Buceo y esnórquel en la isla de Elba
▮ C5 **ⓐ** Elba Diving Centre, Viale Aldo Moro 42, Marciana Marina **ⓦ** elbadiving.it
Los visitantes pueden dar clases, cursos completos e inmersiones con monitor.

6. Vela y windsurf en Elba
▮ C5 **ⓐ** Aloha Center, Lido di Capoliveri **ⓦ** alohacenter.it
Alquilan tablas de windsurf y catamaranes y dan clases de navegación.

7. Paseos en bicicleta por la costa toscana
▮ E6/D6 **ⓐ** Orbetello **▯**
Desde la laguna de Orbetello, los recorridos guiados de Yubike Tours (*yubiketours.com*) por la costa y el archipiélago toscanos pasan por viñedos, yacimientos arqueológicos y bonitos pueblos pesqueros.

8. Senderismo en Elba
▮ C5
En la oficina de turismo proporcionan mapas con 12 rutas de 90 minutos a un día. La más recomendable es la del monte Capenne, pasado el Sanctuario di San Cerbone.

9. Punta Ala Golf & Wellness Resort, Maremma
▮ D5 **ⓐ** Via del Golf 1, Punta Ala **ⓦ** golfpuntaala.it
El excelente y ondulante campo de golf de Punta Ala Golf, técnicamente desafiante y con vistas panorámicas, es uno de los más bellos de la Toscana.

10. Playas en la costa etrusca
▮ C3
La costa etrusca, al sur de Livorno, alberga playas de arena rodeadas de pinos, la Marina di Albarese y el complejo de San Vincenzo.

Submarinista explorando un barco hundido

Dónde comer

Publius, un restaurante con vistas, en Elba

1. Ristorante Gli Attortellati, Grosseto

🅿 E5 🏠 Strada Provinciale 40 Trappola 39 🕐 ma–vi cenas, sá y do comidas 🌐 gliattortellati.com · €€

Es necesario reservar con antelación en este premiado *agriturismo* que sirve deliciosos platos de la Maremma.

2. Da Caino, Montemerano

🅿 E6 🏠 Via Canonica, 3 🌐 dacaino.it · €€€

Cocina local con ingredientes de temporada. El pan y la pasta son caseros. Extensa carta de vinos.

3. Il Tufo Allegro, Pitigliano

🅿 F6 🏠 Vicolo della Constitución 5 🕐 ma, mi comidas (excepto ago) 🌐 iltufoallegro.it · €€€

El chef Domenico añade toques creativos a los ingredientes locales y su esposa Valeria sugiere los vinos.

4. Osteria del Noce, Elba

🅿 C5 🏠 Via della Madonna 14, Marciana 🌐 osteriadelnoce.com · €€

El comedor cuenta con una terraza con vistas al mar. Las raíces ligures de los propietarios se reflejan en la cocina.

5. La Taverna Etrusca, Sovana

🅿 F6 🏠 Piazza del Pretorio 16 🌐 tavernaetrusca.com · €

Cocina toscana de calidad servida en un comedor con vigas vistas y arcadas de piedra del siglo XIII.

6. Osteria Ferraja, Elba

🅿 C5 🏠 Calata Matteotti 12, Portoferraio 📞 0565 190 1473 · €€

Restaurante junto al puerto. Dos buenas opciones son el pescado a la parrilla o el *fritto misto* (fritura mixta), pero también se preparan platos tradicionales como *riso nero* (arroz negro).

7. La Barcaccina, San Vincenzo

🅿 C4 🏠 Via del Faro 🕐 Nov–mar y mi 🌐 labarcaccina.it · €€

Establecimiento situado en la misma arena de la playa que prepara platos de marisco.

8. Publius, Elba

🅿 C5 🏠 Piazza Castagneto 11, Poggio, Marciana 🕐 Nov–mar 🌐 ristorantepublius.it · €€

Este elegante restaurante está encaramado en las colinas de Elba.

9. Ristorante nel Buco, Castiglione della Pescaia

🅿 D5 🏠 Via della Libertà 93 📞 3392 878 439 · €

Pequeña *osteria* emplazada en un sótano de este pueblo pesquero. Los platos típicos de la Maremma son excelentes, tanto los de carne como los de pescado.

10. Emanuel, Elba

🅿 C5 🏠 Loc. Enfola, cerca de Portoferraio 🕐 lu; 25 dic–abr · €€€

Emanuel es un modesto restaurante playero que sirve el mejor marisco de Elba y deliciosos postres. El diminuto patio trasero da a una playa de guijarros.

DATOS ÚTILES

Vespa aparcada junto a una enoteca

CÓMO LLEGAR Y MOVERSE

Ya sea para visitar Florencia a pie o en bicicleta, o la Toscana en coche o transporte público, aquí está toda la información necesaria para recorrer la región como un toscano.

DE UN VISTAZO

PRECIO DEL TRANSPORTE PÚBLICO

CIUDADES PRINCIPALES

1,70 €

90 min con transbordos en autobús y tranvía

OTRAS LOCALIDADES

1,30 €

90 min con transbordos en autobús y tranvía

BILLETE A BORDO

3,00 €

90 min con transbordos en autobús y tranvía

LÍMITES DE VELOCIDAD

AUTOPISTA

130 km/h

AUTOVÍA

110 km/h

CARRETERA SECUNDARIA

90 km/h

ZONA URBANA

50 km/h

Llegada en avión

Desde España hay vuelos directos a Florencia y Pisa. Otra opción es viajar a los aeropuertos **Fiumicino,** en Roma, o **Malpensa,** en Milán, y tomar un vuelo nacional a Pisa o Florencia. Roma y Milán están unidas a Florencia por trenes rápidos, y también se puede alquilar un coche y conducir hasta la Toscana. El aeropuerto **Galileo Galilei,** a 1 km del centro de Pisa, es el mayor aeropuerto internacional de la Toscana y recibe vuelos directos desde Barcelona, Madrid y Valencia. Los autobuses de **PisaMover** (gestionada por Trenitalia) tardan 5-6 minutos en llegar del aeropuerto a la estación Pisa Centrale, que está más o menos a una hora de Florencia, media hora de Lucca y dos horas de Siena.

El aeropuerto **Amerigo Vespucci** de Florencia es más pequeño y recibe vuelos directos desde Barcelona y Madrid. Se encuentra a unos 4 km del centro. Situado cerca de las terminales del aeropuerto, el **tranvía T2 Vespucci** ofrece una conexión cómoda y rápida con Florencia. Los tranvías circulan con frecuencia (cada 5 minutos en hora punta), siete días a la semana, y tardan solo 20 minutos desde el aeropuerto hasta la estación central de ferrocarril.

Amerigo Vespucci Florencia
🆆 aeroporto.firenze.it
Fiumicino Roma
🆆 adr.it
Galileo Galilei Pisa
🆆 pisaairport.com
Malpensa Milán
🆆 milanomalpensaairport.com/en/
PisaMover
🆆 pisamover.com
Tranvía T2 Vespucci
🆆 gestramvia.it

Llegada en tren internacional

Hay trenes de alta velocidad que conectan regularmente Italia con las principales ciudades de Francia, Suiza, Austria y Europa del Este. Es imprescindible reservar. Se pueden comprar billetes y abonos para varios trayectos internacionales con **Eurail** o **Interrail,** pero puede que haya que pagar una tasa de reserva adicional en función del servicio a.

Eurail
🅦 eurorail.com
Interrail
🅦 interrail.eu

Trenes regionales

Trenitalia es el principal operador ferroviario de Italia. Se pueden comprar los billetes por Internet, así como consultar las medidas de higiene y seguridad. Los billetes para trenes convencionales *(regionale)* también se pueden comprar en estancos, administraciones de lotería e Internet.

Trenitalia presta servicios de alta velocidad *(alta velocità* o AV) desde Florencia y Pisa a otras ciudades italianas. La compañía privada **Italo Treno** también, pero solo desde Florencia. En los trenes de alta velocidad es imprescindible reservar asientos. Para obtener mejor precio conviene reservar con 90-120 días de antelación. De las 10 estaciones de tren de Florencia, Santa Maria Novella es la central. Los billetes se validan antes de subir al tren en las máquinas que hay en la entrada de los andenes. Se multa a los viajeros que lleven un billete sin validar; si no se puede validar un billete antes de subir al tren, hay que dirigirse al revisor.

Italo Treno
🅦 italotreno.it
Trenitalia
🅦 trenitalia.com

Transporte público

La mayoría de las ciudades y pueblos de la Toscana cuentan con servicios de autobuses locales eficientes (además de tranvías, en Florencia), pero en las zonas más rurales los servicios suelen ser escasos y poco fiables, sobre todo los domingos y festivos, cuando se reduce el horario y su actividad.

Autobuses y tranvías

Los billetes se pueden adquirir con antelación en quioscos específicos, de prensa, estancos y también algunos bares. Todos los billetes deben validarse en el momento de subir al transporte, en las máquinas que hay dentro del autobús o tranvía. También es posible comprar el billete al conductor, pero cuesta más (3 €).

Los precios están unificados en toda la Toscana: uno para las 10 capitales de provincia (1,70 €) y otro para las demás localidades (1,30 €); los billetes de una ciudad no son válidos para otra. Los bonos de 10 viajes cuestan 15,50 € en ciudades principales y 12,20 € en las demás localidades.

Las dos líneas de tranvía de Florencia, T1 y T2, operan de 5.00 a 24.00 (ampliable a 1.30 o 2.00 viernes y sábados), pasando por el centro de la ciudad desde el barrio de Scandicci hasta el hospital principal, Careggi.

Autobuses de largo recorrido

Los autobuses de largo recorrido son el mejor modo de acceder a muchos destinos de la Toscana, sobre todo en las zonas montañosas de la región, donde no siempre llega el ferrocarril o donde las estaciones están alejadas del centro. **Autolinee Toscane** conecta Mugello y el noreste de la Toscana con Florencia y Arezzo, el norte y buena parte del oeste (incluida la isla de Elba). **Tiemme** opera en toda la mitad meridional de la región. **Autolinee Baltour** presta servicios en todo el país, también para muchos destinos toscanos. **Flixbus** ofrece servicios de bajo coste a muchas ciudades italianas y algunos destinos europeos.

Autolinee Baltour
🅦 baltour.it
Autolinee Toscane
🅦 autolineetoscane.it
Flixbus
🅦 flixbus.it
Tiemme
🅦 tiemmespa.it

Recorridos guiados en autobús

City Sightseeing opera autobuses turísticos por Florencia y Livorno con audioguías en varios idiomas.

City Sightseeing
🅦 city-sightseeing.it

Taxis

Los taxis oficiales son blancos y se pueden encontrar en todas las ciudades toscanas; no está permitido que los taxis se paren en la calle para recoger viajeros. Conviene evitar los no oficiales, así como a los conductores que acuden a estaciones o aeropuertos para ofrecer sus servicios; los taxistas oficiales no lo hacen.

En Italia los taxis no son baratos. Las tarifas están expuestas dentro del vehículo, que debe llevar bien visible un taxímetro en funcionamiento durante todo el trayecto, salvo en rutas con tarifa fija como las de los aeropuertos de Florencia y Pisa al centro de la ciudad. Se cobra un suplemento por grandes bultos y trayectos nocturnos. Si se piensa hacer un viaje largo en taxi, conviene preguntar el precio estimado antes de salir. En la página web de los taxis **Cotapi** hay una larga lista de precios estimados para destinos de fuera de la ciudad de Pisa.

La mayoría de los taxis acepta pagos con tarjetas *contactless*, pero conviene cerciorarse. Los grupos de más de tres personas y los viajeros con necesidades específicas o que lleven una cantidad considerable de equipaje deben indicarlo al realizar la reserva para asegurarse de que les envían un vehículo adecuado.

Cotapi
🔳 cotapi.it

En coche

La mejor forma de ver las zonas más remotas de la región es hacer un viaje en coche por la Toscana, lo que da libertad para elegir cuándo y dónde ir. Sin embargo, los italianos tienen fama de conducir mal, así que hay que asegurarse de conocer bien las normas de circulación.

Viajar en coche a Florencia y la Toscana

A Florencia y la Toscana se llega fácilmente desde otros países europeos a través de la Red Europea Internacional de Carreteras, que conecta las principales vías entre fronteras nacionales dentro de Europa. Una vez en Italia, la autopista (*autostrada*) A1 va de norte a sur desde Milán hasta Nápoles, pasando por Florencia y la Toscana; la A12, que iba a unir Génova con Roma por la costa oeste de Italia, ahora termina en el sur de Livorno y reaparece en el Lazio con un último tramo a Roma; y la A11 une Florencia y Pisa a través de Prato, Pistoia y Lucca.

En las autopistas toscanas y en la mayoría de las italianas hay que pagar peaje; al entrar en una, se debe coger un tique en la máquina correspondiente que sirve para calcular el peaje a la salida. Para evitar colas al salir, se puede pagar con tarjeta de crédito en una de las taquillas de pago con tarjeta o cargando una tarjeta de prepago Viacard, disponible en las oficinas de Punto Blu próximas a muchas salidas de las autopistas. Conviene evitar las taquillas de Telepass, que son para conductores con el correspondiente sensor electrónico en el coche. Para evitar las autopistas de peaje, suele haber una alternativa indicada. En Italia, los carteles de las autopistas son verdes y los de las carreteras sin peaje, azules. La web de la **ACI** (Automobile Club d'Italia) ofrece información útil para automovilistas.

ACI
🔳 aci.it

Alquiler de coches

Para alquilar un coche en Italia, hay que tener más de 18 años y permiso de conducir válido en la UE, o el permiso internacional de conducir. La mayoría de las empresas de alquiler requieren una antigüedad de un año, algunas una edad mínima de 21 años y casi todas cargan algo más por ser menor de 25 años. También hace falta tener una tarjeta de crédito como garantía.

Conducir en Florencia y la Toscana

Muchas ciudades y pueblos de la región tienen cascos antiguos bien conservados que solo son accesibles en coche para residentes; los vehículos de no residentes que acceden a zonas de tráfico limitado (*zona a traffico limitato* o ZTL) son multados. Si el hotel está en el centro, a veces se puede llegar hasta allí, al menos para dejar y recoger el equipaje, pero hay que avisar al personal para evitar multas.

Es buena idea aparcar fuera del centro incluso cuando el tráfico no esté limitado, ya que en muchos sitios las calles son estrechas y empinadas. Las zonas de aparcamiento marcadas con líneas azules son de pago y las líneas amarillas indican restricciones como aparcamiento solo para residentes o personas con necesidades específicas, o para carga y descarga; y las líneas blancas indican que aparcar es gratis.

Normas de circulación

Se circula por la derecha, el carril izquierdo solo se utiliza para adelantar. El cinturón de seguridad es obligatorio para todos los pasajeros y se imponen fuertes multas a quienes usan el móvil mientras conducen.

Por el día es obligatoria la luz de cruce al viajar por autopistas, autovías y todas las carreteras interurbanas. Hay que llevar obligatoriamente un triángulo rojo de alerta y un chaleco fluorescente para usarlo en caso de emergencia. Entre mediados de noviembre y mediados de abril es obligatorio que todos los vehículos, salvo las motocicletas, lleven neumáticos de invierno o cadenas.

Si se sufre un accidente o una avería, hay que encender las luces de emergencia y colocar el triángulo de alerta 50 m por detrás del coche. En caso de avería, se puede llamar al teléfono gratuito de emergencias de la ACI (803116 desde un teléfono italiano, 800116800 desde un teléfono no italiano) o a los servicios de emergencias (p. 144). Se vigila de manera estricta el límite de alcohol en sangre al volante (p. 145). Si se va a beber alcohol, es mejor utilizar el transporte público o tomar un taxi.

Autostop

No está permitido hacer autostop en las autopistas y no es algo habitual en las grandes ciudades. En zonas rurales es una opción inusual. Siempre conviene pensar en la seguridad antes de subir al vehículo de un desconocido.

Alquiler de bicicletas y motos

La Toscana tiene más *strade bianche* (vías blancas, con superficie de grava) que cualquier otra región de Italia y son magníficas para explorar la campiña en bicicleta. **Florence by Bike** y muchas otras agencias alquilan bicicletas urbanas, de carrera, de montaña y eléctricas, y casi todos los hoteles proporcionan también este servicio. La web de **Piste Ciclabili** incluye un mapa interactivo de vías para bicicletas en Italia.

Las motocicletas son otro modo fantástico de recorrer la campiña y se pueden alquilar en muchos lugares de la región, especialmente en la zona de Chianti y en Florencia. En Italia basta con un permiso de conducir ordinario para vehículos de hasta 125 cc; el casco es obligatorio.

Florence by Bike
🅦 florencebybike.it
Piste Ciclabili
🅦 piste-ciclabili.com

A pie

Pasear por los pueblos y ciudades de la Toscana es una de las facetas más agradables de cualquier viaje a esta pintoresca región. Muchas zonas urbanas están muy peatonalizadas y suele ser más fácil desplazarse a pie que en autobús. Se puede parar en algún mirador, entrar en un café y visitar uno o varios lugares de interés en un par de horas. También hay muchas rutas largas y senderos pintorescos por toda la campiña.

Ferris

Toremar es la principal compañía de ferris para llegar a Elba y a las islas del archipiélago. Opera desde los puertos de Livorno (a Gorgona y Capraia), de Piombino (a Portoferraio, Cavo y Rio Marina en Elba, y a Pianosa) y de Porto Santo Stefano (a Capraia y Giannutri). También hay hidrodeslizadores a Cavo y Portoferraio, en Elba. Es aconsejable reservar anticipadamente. Si se lleva coche, hay que acudir al puerto al menos una hora antes.

Toremar
🅦 toremarprenotazioni.lt

INFORMACIÓN PRÁCTICA

Conocer la información local ayuda a moverse con facilidad por Florencia y la Toscana. Aquí están todos los consejos e información esencial que pueden resultar necesarios durante la estancia.

DE UN VISTAZO

MONEDA
EURO

GASTO MEDIO DIARIO

BAJO	MEDIO	ALTO
50 €	100 €	+200 €

BOTELLA DE AGUA	CAFÉ	CERVEZA	CENA PARA DOS
1,10 €	1,20 €	5 €	60 €

FRASES ÚTILES

Hola	Buongiorno / ciao
Adiós	Arrivederci / ciao
Por favor	Per favore
Gracias	Grazie
¿Habla español?	Parla spagnolo?
No comprendo	Non capisco

ENCHUFES

Las tomas de corriente son del tipo F y L, para enchufes de 2 y 3 clavijas. El voltaje es de 220-230 V.

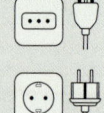

Documentación

Para conocer los requisitos de entrada, incluido el visado, hay que consultar en la embajada italiana más cercana o en la web del **Ministero degli Affari Esteri.** Para viajar a Italia, los ciudadanos españoles solo necesitan disponer del documento nacional de identidad. Sin embargo, es recomendable llevar también el pasaporte, ya que en caso de robo o pérdida de uno de los documentos, se dispondría del otro para cualquier gestión.
Ministero degli Affari Esteri
W vistoperitalia.esteri.it

Consejos oficiales

Es importante tener en cuenta los consejos oficiales antes de viajar. Se pueden consultar las recomendaciones sobre seguridad, sanidad y otras cuestiones importantes tanto en la web del **Ministerio de Asuntos Exteriores de España** como en la del **Ministero della Salute.**
Ministerio de Asuntos Exteriores de España
W exteriores.gob.es
Ministero della Salute
W salute.gov.it

Información de aduanas

La página web de **ENIT** (Agencia Nacional de Turismo de Italia) ofrece información relativa a la legislación sobre bienes y divisas que se pueden introducir o sacar de Italia.
ENIT
W italia.it

Seguros de viaje

Se aconseja contratar un seguro completo que cubra robos, pérdida de equipaje, asistencia sanitaria, cancelaciones y retrasos, y leer atentamente la letra pequeña. Los ciudadanos de la UE pueden recibir

atención sanitaria de urgencia en Italia si disponen de la **Tarjeta Sanitaria Europea (TSE)** en vigor.
Tarjeta Sanitaria Europea (TSE)
🅦 seg-social.es

Vacunas
No se exige ninguna vacuna para entrar en Italia.

Dinero
La mayoría de los establecimientos aceptan tarjetas de crédito, débito y de prepago. El pago con sistema *contactless* es cada vez más común en Florencia, pero nunca está de más llevar algo de efectivo para transporte o artículos de poco valor. También es necesario el efectivo en los mercados y en las zonas rurales de la Toscana. Conviene recordar que en las localidades pequeñas no abundan los cajeros automáticos *(bancomat)*.

En los restaurantes o los taxis no se acostumbra a dar propina, pero es un gesto que se agradece. A los porteros y los mozos de hotel es habitual dejarles 1 € por bulto o día.

Viajeros con necesidades específicas
El centro de muchas ciudades de la Toscana tiene calles empinadas y adoquinadas, lo que plantea dificultades para las personas con movilidad reducida. Los edificios históricos a menudo carecen de ascensores o rampas, pero los hoteles, restaurantes y bares disponen de dormitorios y baños accesibles y bien equipados.

Los aeropuertos de Florencia y Pisa *(p. 138)* proporcionan asistencia; se debe reservar con al menos 48 horas de antelación. **RFI** ofrece ayuda en las estaciones de tren; los detalles se pueden consultar en Internet y en el punto de la Sala Blu de la estación de Santa Maria Novella de Florencia.

Moveris gestiona visitas guiadas y servicios en Florencia y la Toscana para viajeros con necesidades específicas. Algunos museos, como los Uffizi, también ofrecen visitas multisensoriales.
Moveris
🅦 moveris.it
RFI
🅦 rfi.it

Idioma
La lengua oficial es el italiano. Por lo general, se habla un poco de inglés en toda la región.

Horarios
Las tiendas, negocios e iglesias suelen abrir a las 8.00 o 9.00, cerrar para la *pausa pranzo* (el almuerzo) de 12.30 o 13.00 a 15.00 y abrir de nuevo hasta las 18.00 o 20.00.

En las ciudades grandes, el *pranzo* está desapareciendo a favor del *orario continuato* (horario continuo) de tiendas de cadena y otros comercios.

Los bancos suelen abrir de 8.30 a 13.00 o 13.30 y de 15.00 a 16.30 los días laborables. El horario de los museos varía, pero lo más habitual es que abran de 9.00 a 17.00. Algunos siguen cerrando para el *pranzo*, sobre todo fuera de las grandes ciudades.

Las fiestas nacionales italianas son: Año Nuevo, Epifanía (6 ene), Domingo de Resurrección y Lunes de Pascua, Día de la Liberación (25 abr), Día del Trabajo (1 may), Día de la República (2 jun), *Ferragosto* (15 ago), Todos los Santos (1 nov), la Inmaculada Concepción (8 dic), Navidad (25 dic) y San Esteban (26 dic). Estos días suelen cerrar los servicios dirigidos al público.

Las circunstancias pueden cambiar repentinamente. Antes de visitar museos, monumentos u otros lugares de interés, consulte los horarios actualizados y las formalidades de reserva.

Seguridad personal

La Toscana es, en general, bastante segura y apenas se registran delitos, pero siempre conviene ser prudente. Por la noche se deben evitar las calles desiertas y los parques vacíos. Los carteristas suelen actuar en los autobuses, alrededor de las estaciones y en lugares concurridos. Cualquier objeto perdido en un autobús o tren de Florencia se envía al **Ufficio Oggetti Smarriti.**

Si se sufre un robo, hay que denunciarlo antes de que pasen 24 horas en la comisaría más cercana. Hay dos cuerpos de policía: los Carabinieri (militares) y la **Polizia di Stato** (civiles). Hay que solicitar una copia de la denuncia para poder reclamar al seguro.

Los italianos suelen aceptar a todo tipo de personas, independientemente de su raza, género u orientación sexual. La homosexualidad se legalizó en 1887, y en 1982 Italia fue el tercer país del mundo en reconocer el derecho legal a cambiar de género. En caso de sentirse amenazado en Florencia, **Safe Space Alliance** se encarga de buscar el lugar seguro más cercano.

Las mujeres pueden llegar a recibir una atención masculina no deseada, sobre todo en las zonas turísticas. Lo mejor en estos casos es dirigirse a la comisaría más cercana.

Polizia di Stato
🌐 poliziadistato.it
Ufficio Oggetti Smarriti
📞 055 334 802
Safe Space Alliance
🌐 safespacealliance.com

DE UN VISTAZO

NÚMEROS DE EMERGENCIAS

EMERGENCIAS GENERALES	AMBULANCIA
112	**118**

BOMBEROS	POLICÍA
115	**113**

ZONA HORARIA
El horario de verano europeo (CEST) comprende desde el último domingo de marzo hasta el último domingo de octubre.

AGUA DEL GRIFO
A menos que se indique lo contrario, el agua del grifo de Florencia y la Toscana es potable.

PÁGINAS WEB Y *APPS*

ENIT
Web de la Agencia Nacional de Turismo de Italia *(italia.it)*.
Visit Tuscany
Web oficial de turismo en la Toscana *(visittuscany.com)*.
Planificador de viaje para la Toscana
Recurso para planificar el viaje *(discover tuscany.com/itineraries-in-tuscany)*.
WiFi Italia
Conexión gratis a puntos wifi en la Toscana e Italia *(italia.it/it)*.

Salud

El sistema público sanitario italiano es excepcional. Si se dispone de la TSE *(p. 143)* es importante presentarla lo antes posible. Puede que haya que pagar el tratamiento y reclamar el dinero después.

Para adquirir medicamentos o recibir consejo en caso de afecciones leves, se puede acudir a una de las numerosas farmacias *(farmacie)* locales, identificadas con una cruz verde. En la puerta de todas las farmacias se encuentra información sobre la más cercana abierta las 24 horas.

Tabaco, alcohol y drogas

Fumar está prohibido en lugares públicos cerrados. La posesión de narcóticos está prohibida y podría conllevar una pena de cárcel.

Italia tiene un estricto límite de 0,5 g/l de contenido de alcohol en sangre para los conductores. Eso significa que no se puede beber más que una cerveza o un vaso pequeño de vino si se va a conducir. Para quienes tengan el carné desde hace menos de tres años, el límite es 0.

Carné de identidad
En Italia, por ley, se debe ir identificado en todo momento, aunque debería bastar una fotocopia del DNI o de la página con foto del pasaporte (y visado si se necesita). Si la policía lo solicita, se debe presentar el documento original en las siguientes 12 horas.

Turismo responsable
El turismo en masa sigue siendo un problema en Florencia. Rellenar la botella de agua en las fuentes de la ciudad, apagar el aire acondicionado y moverse por la Toscana en tren son algunas maneras de que el viaje a esta histórica ciudad resulte más sostenible.

Tirar basura y sentarse en los escalones exteriores de algunos monumentos puede implicar una multa, y no está permitido subirse a las fuentes públicas. También es ilegal llevarse arena, conchas y piedras de las playas toscanas (excepto en viajes con autorización especial, como los recorridos para buscar minerales que se organizan en Elba).

En el centro de muchas ciudades toscanas suelen encontrarse vendedores callejeros ilegales; adquirir sus productos puede suponer una multa de la policía local.

Visitar lugares de culto
Aunque muchas iglesias puedan visitarse de forma gratuita, en los monumentos más famosos hay que pagar entrada, sobre todo en las ciudades. Algunas cobran una pequeña tarifa por ver algunas zonas, como una capilla, el claustro o ruinas subterráneas.

Teléfonos móviles y wifi
Casi todos los hoteles ofrecen wifi (normalmente gratis) y además existen puntos de conexión gratuitos en plazas y edificios públicos de muchas ciudades. En las localidades más pequeñas, suele haber alguna tienda o bar con acceso a Internet. La aplicación WiFi Italia permite conectarse rápida y fácilmente a los puntos wifi gratuitos, y la **Firenze Card** de Florencia incluye tres días de conexión wifi.

Los viajeros sujetos a las tarifas de la UE podrán utilizar sus dispositivos sin verse afectados por los gastos de *roaming*. Esto significa que se paga lo mismo que en el país de origen por datos, llamadas y mensajes de texto. Antes del viaje, conviene consultar a la operadora si este servicio está incluido en la tarifa contratada. Los viajeros no procedentes de la UE pueden adquirir una tarjeta SIM italiana (es necesario identificarse con una DNI o pasaporte).
Firenze Card
w firenzecard.it

Correos
El servicio postal italiano, **Poste Italiane,** es lento, aunque está mejorando. Los servicios privados de correos con buzones amarillos en los puestos y tiendas de regalos son más caros y suelen tardar más. Los sellos *(francobolli)* se venden en estancos *(tabacchi)*, hay que buscar un cartel azul con una T blanca). Las cartas se echan en la ranura del buzón que indica "per tutte le altre destinazioni", no en la que pone "per la città".
Poste Italiane
w poste.it

Impuestos y devoluciones
El IVA es habitualmente del 22 %; en ciertas circunstancias, los ciudadanos que no sean de la UE pueden solicitar su devolución. Hay que solicitarla antes de la compra (mostrando el pasaporte al vendedor y rellenando un formulario) y, posteriormente, presentando en la aduana los recibos al salir del país. Para la devolución del dinero hay que llevar la factura al vendedor y solicitar el reembolso. Se puede encontrar información en organizaciones de compras internacionales sin impuestos, como **Global Blue.**
Global Blue
w globalblue.com

DÓNDE ALOJARSE

La Toscana ofrece una gran variedad de alojamientos, desde establecimientos lujosos en antiguos palacios hasta estancias en granjas. La mayoría de los hoteles están en Florencia, una buena base desde la que explorar la región; para disfrutar de más espacio verde (y tal vez una piscina), merece la pena alojarse en la campiña o junto a la costa. La temporada alta se prolonga de abril a octubre, con un éxodo desde Florencia hacia el litoral en agosto. La tasa turística en Florencia oscila entre 4,50 y 8 € por noche.

PRECIOS

Habitación doble con desayuno (si está incluido), impuestos y otros cargos.

....

€ menos de 100 €
€€ 100-250 €
€€€ más de 250 €

Florencia

Hotel Palazzo Guadagni

📍 L5 🏠 Piazza Santo Spirito 9 🌐 palazzo guadagni.com · €

El Hotel Palazzo Guadagni, un lugar destacado en Florencia desde 1505, permite disfrutar de una noche en un palacio. En sus habitaciones, con cortinajes, muebles antiguos y frescos en el techo, se retrocede a épocas pasadas. Y como en todo buen palacio, las vistas son magníficas; desde la logia se puede contemplar el atardecer sobre Santo Spirito.

Ostello Tasso

📍 E3 🏠 Via Villani 15 🌐 ostellotasso.it · €

Ostello Tasso es uno de los escasos alojamientos genuinos para mochileros en la ciudad. Dispone de 12 habitaciones, algunas un tanto espartanas, pero los huéspedes pasan la mayor parte del tiempo socializando en el salón de uso común, donde se organizan noches de cine y conciertos.

SoprArno Suites

📍 L5 🏠 Via Maggio 35 🌐 soprarnosuites.com · €€

En esta curiosa residencia del siglo XVI, propiedad de los creativos Betty y Matteo, no hay dos habitaciones iguales. Tanto si la estancia luce un techo pintado (y una bañera desde la que admirarlo) como si está decorada con muebles antiguos, todo es obra de artistas locales. Incluso el desayuno es local, procedente de panaderías de los alrededores.

Casa Howard

📍 L2 🏠 Via della Scala 18/n 🌐 casahoward.com · €€€

Este establecimiento es sin duda lujoso, pero se diferencia de otros hoteles de cinco estrellas en que todo está diseñado para que los huéspedes se sientan como en casa. Quien viaje con su perro puede reservar la Terrace Room y solicitar un cuidador para la mascota. Quien viaje en familia dispone de la Playroom, con un muro de escalada y libros infantiles. Y

quien viaje en pareja tiene la Hidden Room, con paredes rojas y muy romántica.

Numeroventi

📍 N3 🏠 Via dei Pandolfini 20 🌐 numeroventi.it · €€

Este podría ser el hotel más atractivo de Florencia. Ubicado en una fábrica de sirope del siglo XVI, Numeroventi combina el minimalismo escandinavo (robustos muebles de madera y tonos pastel) con toques renacentistas como frescos antiguos. También organiza residencias de artistas, por lo que se podría coincidir en él con el próximo Miguel Ángel.

Eco Urban B&B

📍 L2 🏠 Via Fiume 5 🌐 ecourbanbnb.com · €€

Este establecimiento cuida el planeta tanto como sus huéspedes. Los desayunos se elaboran con productos ecológicos y locales, los muebles son de materiales naturales y dispone de bicicletas de alquiler. Y por cada reserva recibida plantan un árbol.

Alrededores de Florencia

Belmond Villa San Michele

📍 E2 🏠 Via Doccia 4, Fiesole 🌐 belmond.com · €€€

Se afirma que Miguel Ángel diseñó la fachada de este monasterio franciscano del siglo XV, encaramado a las colinas de Fiesole, sobre Florencia. Cierto o no, el edificio es una joya de la arquitectura renacentista y está rodeado por un terreno con piscina y jardines que también es maravilloso.

Valdirose

📍 E3 🏠 Via Valdirose 35, Lastra a Signa 🌐 valdirose.com · €€

Magnífica opción para quienes deseen alejarse de Florencia pero no mucho; se puede llegar al centro pedaleando junto al río o en un corto trayecto en tren. Aunque es posible que, una vez en la habitación, no se quiera abandonar el establecimiento, conocido por su cálido recibimiento, sus desayunos caseros y su frondoso entorno.

Villa La Massa

📍 E3 🏠 Via della Massa 24, Candeli 🌐 villala massa.com · €€€

Los hoteles florentinos no suelen ser amplios, al contrario que Villa La Massa, residencia de verano de los Médicis del siglo XIII. Las habitaciones se reparten por varias construcciones rodeadas de césped, una piscina, olivares y viñedos. Quienes añoren el bullicio de la ciudad pueden tomar una bicicleta y pedalear junto al Arno hasta ella (se llega muy rápido).

Siena

Villa Scacciapensieri

📍 E4 🏠 Strada di Scacciapensieri 10 🌐 villas cacciapensieri.it · €€

Ubicada en la ladera de una colina a las afueras de Siena, esta villa del siglo XIX es una buena base para explorar Chianti en coche. Tiene todo lo necesario para disfrutar de unas vacaciones perfectas en Italia: amplios jardines, piscina, pistas de tenis y, por supuesto, deliciosa comida toscana.

Piccolo Hotel Etruria

📍 E4 🏠 Via delle Donzelle 3 🌐 hoteletruria.com · €

Resulta difícil encontrar un alojamiento mejor ubicado que el Piccolo Hotel Etruria, el más cercano a la Piazza del Campo. Y aún mejor es que no sea excesivamente caro, algo que se agradece en una zona como el centro.

Palazzo Ravizza

📍 E4 🏠 Pian de Mantellini 34 🌐 palazzoravizza.it · €

Este hotel del siglo XVII es ideal para experimentar todas las facetas de Siena. Quienes deseen sumergirse en la campiña pueden contemplar las vistas panorámicas de las colinas y los viñedos sieneses. Y quienes prefieran el bullicio tienen la Piazza del Campo de la ciudad a un corto paseo.

Este de la Toscana

Il Borro Toscana

📍 F3 🏠 Località Borro 1, Arezzo 🌐 ilborro.it · €€€

Esta hacienda centenaria pertenece a la familia Ferragamo, la realeza de la moda toscana, que ha invertido todo lo necesario para transformarla en un hotel de lujo. En sus instalaciones se puede jugar al golf, catar vinos o disfrutar de un *spa*.

Hotel San Michele

📍 F4 🏠 Via Guelfa 15, Cortona 🌐 hotel sanmichele.net · €

Este *palazzo* del siglo XV, clasificado como monumento histórico, está un poco anticuado. Pero lo que le falta de estilo moderno lo compensa con una ubicación magnífica en el centro de Cortona, ideal para pasar unos días explorando la ciudad.

Il Canto del Maggio

📍 F3 🏠 Via della Penna Alta 30/d, Terranuova Bracciolini 🌐 canto delmaggio.com · €€

Destino perfecto para quienes busquen entretener a los niños con algo más que la piscina. El matrimonio que gestiona este *agriturismo* organiza clases de elaboración de pasta, cenas al aire libre y rutas guiadas a pie.

Noroeste de la Toscana

Locanda al Colle

C2 Via La Stretta 231, Versilia locandaalcolle.com · €€

En este alojamiento ubicado en una colina no hay restaurante, pero casi todas las noches el propietario y sus amigos organizan agradables cenas a la luz de las velas en la terraza a las que todo el mundo puede unirse: niños, viajeros en solitario e incluso mascotas. Solo abre de finales de marzo a octubre.

Castelfalfi

D3 Località Castelfalfi, Montaione castelfalfi.com · €€€

Quienes deseen sumergirse en la campiña toscana deberían alojarse en Castelfalfi. En este lujoso complejo ecológico, que es también una finca en producción, los huéspedes se quedan dormidos con el sonido de las cigarras y al levantarse pueden recoger aceitunas, elaborar vino o aprender cómo se recolecta la miel. O relajarse junto a la piscina, disfrutar de las vistas y saborear manjares caseros.

Villa Lena

C3 Strada Comunale di Toiano 25, Pisa villa-lena.org · €€€

Este no es el típico *agriturismo*. Es verdad que se pueden recoger trufas y disfrutar de platos elaborados con productos propios, pero gracias a las residencias creativas que alberga, también es posible participar en talleres artísticos. En torno al 65 % de la propiedad funciona con energías renovables.

Relais I Miracoli

C3 Via Santa Maria 187, Pisa relaisimiracoli.it · €€

Este edificio del siglo XII, con vigas vistas y frescos originales en los techos, resulta maravilloso, pero es su ubicación lo que más destaca. No solo se encuentra al lado de la Piazza dei Miracoli, sino que la mayoría de las habitaciones ofrecen vistas de la torre inclinada de Pisa.

Las colinas del oeste

Fattoria Poggio Alloro

D3 Via Sant'Andrea 23, San Gimignano fattoriapoggioalloro.com · €€

Esta granja situada a solo 5 km de San Gimignano es un *agriturismo* tradicional. Se puede pasear por las colinas, recoger huevos y disfrutar de sencillas comidas familiares elaboradas con carne, lácteos, verduras ecológicas y aceite de oliva de la propiedad. También hay una piscina para refrescarse.

Pieve Aldina

E3 Traversa del Chianti lesdomaines defontenille.com/fr/pievealdina · €€€

De los tres edificios de Pieve Aldina, el más atractivo es el monasterio del siglo XII, donde los monjes del medievo hacían un alto en su peregrinación por la antigua Via Chiantigiana. Hoy es un alojamiento mucho más lujoso para recién casados de viaje por Chianti, y dispone de piscina, interiores elegantes (aunque todavía rústicos) y un acogedor bar de aperitivos.

Umamma

D3 Piazza Buonaparte 12, San Miniato umamma.it · €€€

Umamma, una expresión toscana que significa ¡guau!, está a la altura de su nombre. Este *palazzo* del siglo XVI transformado en apartamento ofrece un lujoso espacio con dos dormitorios, dos baños, increíbles vistas de las colinas toscanas e incluso un chef privado previa petición. Pero lo más llamativo es su piscina subterránea, a la que se accede por una trampilla en la habitación principal.

Borgo Pignano

D4 Loc. Pignano 6, Volterra borgopignano.com · €€€

Borgo Pignano es un hotel que gusta tanto a pequeños como a grandes. Hay una piscina infinita y un *spa* donde los padres pueden disfrutar mientras sus hijos asisten a una clase de pintura al aire libre, y también se puede jugar al tenis, recolectar trufas o montar a caballo por la amplia finca en familia.

Sur de la Toscana

The Lazy Olive Glamping

📍 F4 🏠 Strada Vicinale della Rosa, Trequanda 🌐 thelazyolive.com/glamping · €

Contemplar la campiña toscana desde la habitación de un hotel es magnífico, pero este camping rural acerca la naturaleza a sus huéspedes. Dispone de 10 tiendas elegantes instaladas entre olivos y el desayuno incluye pan elaborado con harina molida en el lugar.

Locando del Loggiato

📍 F5 🏠 Piazza del Moretto 30, Bagno Vignoni, Val d'Orcia 🌐 loggiato.it · €

Este *Bed and Breakfast* es ideal para desconectar de todo. Las habitaciones están diseñadas como pequeños santuarios, sin televisión y con una pequeña chimenea, y en el salón hay infusiones de hierbas y espacio para ponerse cómodo. Quienes deseen relajarse aún más pueden solicitar una clase de yoga o disfrutar de las aguas termales del cercano Bagno Vignoni.

Castiglion del Bosco

📍 E4 🏠 Località Castiglion del Bosco, Montalcino 🌐 castigliondelbosco.com · €€€

Este complejo agrícola y viñedo con 900 años (uno de los más antiguos y famosos de la Toscana) es un sueño para los amantes del vino. En la bodega del hotel se ofrecen catas a diario y en el restaurante se sirve Brunello di Montalcino junto a platos elaborados con productos de la huerta. Hay un increíble campo de golf, piscina, *spa* y todos los servicios habituales en un hotel de cinco estrellas.

Drogheria e Locanda Franci

📍 E4 🏠 Piazzale Fortezza 6, Montalcino 🌐 locandafranci.com · €€

Tal vez sean las camas con dosel o los desayunos con yogur y miel de la zona lo que convierte este hotel, ubicado en las profundidades del valle vinícola de Brunello, en un destino tan atractivo. O tal vez sea su personal, la mayoría local, que ofrece la mejor información sobre catas de vino, *trattorias* y paseos por la región.

Costa sur y Maremma

Paradù

📍 C4 🏠 Località Paradù 383, Castagneto Carducci 🌐 paraduresort.com · €

Este complejo ecológico tiene mucho que ofrecer. Sus cabañas de madera y chalés son asequibles, se encuentra a unos metros de una de las mayores playas de arena de la región y dispone de varios restaurantes informales. También incluye tres piscinas y zonas de juego, perfectas para los niños.

Hotel della Fortezza

📍 F5 🏠 Via Benedetto Cairoli 5, Sorano, Saturnia 🌐 hoteldellafortezza.com · €€

Instalado en una fortaleza del siglo XII, el Hotel della Fortezza parece salido de un cuento. Para llegar a él hay que cruzar un puente levadizo, el desayuno se sirve entre las ruinas de piedra y en la torre se encuentra una *suite* con vistas al pueblo de Sorano.

Tenuta San Carlo

📍 D5 🏠 Strada Provinciale 40 della Trappola 147/a, Maremma 🌐 tenuta sancarlo.com · €

Esta propiedad con cultivos de arroz ecológicos ofrece algo nuevo cada día. La propietaria organiza clases de cocina, retiros de yoga y visitas por la plantación, y también se puede pedalear hasta el mar en una de sus bicicletas o disfrutar de la escena culinaria de Maremma.

Villa Ottone

📍 C5 🏠 Località Ottone, Elba 🌐 villaottone.com · €€

Este complejo dispone de habitaciones en un edificio principal y en construcciones adyacentes, pero lo mejor es reservar en la villa del siglo XIX, decorada con abundantes sedas y frescos en los techos. Merece la pena tomarse un cóctel en la veranda del hotel o darse un baño en la playa privada.

ÍNDICE

FRASES ÚTILES

Emergencias

¡Socorro!	Aiuto!
¡Alto!	Ferma!
¡Llame a…	Chiama un
…un médico!	…medico.
…una	…un'
ambulancia!	…ambulanza.
…la policía!	…la polizia.
…los bomberos	…i pompieri.

Comunicación básica

S í/No	Si/No
Por favor	Per favore
Gracias	Grazie
Perdone	Mi scusi
Buenos días	Buon giorno
Adiós	Arrivederci
Buenas tardes	Buona sera
ayer	ieri
hoy	oggi
mañana	domani
¿qué?	Cosa?
¿Cuándo?	Quando?
¿Por qué?	Perchè?
¿Dónde?	Dove?

Frases habituales

¿Cómo está?	Come sta?
Muy bien, gracias.	Molto bene, grazie.
Encantado de conocerle.	Piacere di conoscerla.
Muy bien.	Va bene.
¿Dónde está/están… ?	Dov'è/ Dove sono…?
¿Cómo puedo llegar a… ?	Come faccio per arrivare a…?
¿Habla usted español?	Parla spagnolo?
No comprendo.	Non capisco.
Perdón.	Mi dispiace.

Compras

¿Cuánto cuesta… ?	Quanto costa?
Querría…	Vorrei…
¿Tienen?	Avete…?
¿Aceptan tarjetas de crédito?	Accettate carte di credito?
¿A qué hora …abren? …cierran?	A che ora apre/ chiude?
este	questo
aquel	quello
caro	caro
barato	a buon prezzo
talla, ropas	la taglia
talla, zapatos	il numero
blanco	bianco
negro	nero
rojo	rosso
amarillo	giallo
verde	verde
azul	blu

Tipos de tienda

horno/panadería	il forno/ il panificio
banco	la banca
librería	la libreria
pastelería	la pasticceria
farmacia	la farmacia
delicatessen	la salumeria
grandes almacenes	il grande magazzino
alimentación	alimentari
peluquería	il parrucchiere
heladería	la gelateria
mercado	il mercato
puesto de periódicos	l'edicola
correos	l'ufficio postale
supermercado	il supermercato
estanco	il tabaccaio
agencia de viajes	l'agenzia di viaggi

Visitas turísticas

galería de arte	la pinacoteca
parada de autobús	la fermata dell'autobus
iglesia	la chiesa
catedral	la basilica
cerrado por vacaciones	chiuso per le ferie
jardín	il giardino
museo	il museo
estación de ferrocarril	la stazione
oficina de turismo	l'ufficio turistico

En el hotel

¿Tiene una habitación?	Avete camere libere?
habitación doble con cama de matrimonio	una camera con letto matrimoniale
con dos camas	una camera con due letti
habitación individual	una camera singola
habitación con baño/ducha	una camera con bagno, con doccia
Tengo una reserva.	Ho fatto una prenotazione.

En el restaurante

¿Hay mesa? para…?	Avete una tavola per… ?
Querría reservar una mesa.	Vorrei riservare un tavolo.
desayuno	colazione
almuerzo	pranzo
cena	cena
La cuenta, por favor.	Il conto, per favore.
Camarera/ camarero	cameriera cameriere

menú del día	il menù a prezzo fisso
plato del día	piatto del giorno
entrante, primer plato	antipasto, il primo
plato principal	il secondo
vegetales	contorni
postre	il dolce
cover charge	il coperto
carta de vinos	la lista dei vini
vaso	il bicchiere
botella	la bottiglia
cuchillo	il coltello
tenedor	la forchetta
cuchara	il cucchiaio

La carta

l'acqua gassata/ naturale	Agua con gas/ natural
aglio	ajo
al forno	al horno
alla griglia	parrilla
arrosto	asado
la birra	cerveza
la bistecca	filete
il burro	mantequilla
il caffè	café
la carne	carne
carne di maiale	cerdo
la cipolla	cebolla
i fagioli	alubias
il formaggio	queso
le fragole	fresas
il fritto misto	fritura mixta
la frutta	fruta
frutti di mare	marisco
i funghi	champiñones
i gamberi	gambas
il gelato	helado
l'insalata	ensalada
il latte	leche
lesso	cocido
il manzo	vacuno
l'olio	aceite
il pane	pan
le patate	patatas
le patatine fritte	patatas fritas
il pepe	pimienta
il pesce	pesado
il pollo	pollo
il pomodoro	tomate
il prosciutto cotto/crudo	jamón curado/crudo
il riso	arroz
il sale	sal
la salsiccia	salchicha
succo d'arancia/ di limone	zumo de naranja/ de limón
il tè	té
la torta	pastel/tarta
l'uovo	huevo
vino bianco	vino blanco
vino rosso	vino tinto
il vitello	ternera
le vongole	almejas
lo zucchero	azúcar

Números

1	uno
2	due
3	tre
4	quattro
5	cinque
6	sei
7	sette
8	otto
9	nove
10	dieci
11	undici
12	dodici
13	tredici
14	quattordici
15	quindici
16	sedici
17	diciassette
18	diciotto
19	diciannove
20	venti
30	trenta
40	quaranta
50	cinquanta
60	sessanta
70	settanta
80	ottanta
90	novanta
100	cento
1.000	mille
2.000	duemila
1.000.000	un milione

Tiempo

un minuto	un minuto
una hora	un'ora
un día	un giorno
una semana	una settimana
Lunes	lunedì
Martes	martedì
Miércoles	mercoledì
Jueves	giovedì
viernes	venerdì
Sábado	sabato
Domingo	domenica

AGRADECIMIENTOS

Edición actualizada por

Colaboraciones Toni DeBella, Phoebe Hunt

Edición sénior Alison McGill, Zoë Rutland, Dipika Dasgupta

Diseño sénior Laura O'Brien, Vinita Venugopal

Edición Charlie Baker, Ilina Choudhury, Molly McCarthy, Vineet Singh

Diseño Bineet Kaur, Divyanshi Shreyaskar

Iconografía Virien Chopra, Manpreet Kaur, Priya Singh

Diseño de cubierta Laura O'Brien

Iconografía de cubierta Diana Jarvis

Cartografía Subhashree Bharati, Suresh Kumar, James Macdonald

Diseño DTP sénior Tanveer Zaidi

Diseño DTP Rohit Rojal

Preproducción Balwant Singh

Retoque de imágenes Pankaj Sharma

Producción Kariss Ainsworth

Responsable editorial adjunto Dharini Ganesh

Responsable editorial Beverly Smart

Edición de arte Gemma Doyle

Edición de arte sénior Priyanka Thakur

Dirección editorial Hollie Teague

Dirección de arte Maxine Pedliham

Dirección de publicación Georgina Dee

DK desea agradecer a las siguientes personas su contribución a la edición anterior:
Toni DeBella, Reid Bramblett, Samantha Cook, Federico Damonte, Donald Strachan

Los editores quieren agradecer a las siguientes entidades su amabilidad al conceder el permiso necesario para reproducir sus fotografías:

Leyenda: a-arriba; b-abajo; c-centro; f-extremo; l-izquierda; r-derecha; t-superior

Abergaccio: 99.

Adobe Stock: AlexMastro 90; e55evu 60; FV Photography 75t; GezaKurkaPhotos 20br; Photo–Fire 13cl; SCStock 13cl (8).

Alamy Stock Photo: Simona Abbondio 72–73b; Vito Arcomano 52; Art Kowalsky 37t; B.O'Kane 21tl; Zoltan Bagosi 27b; Benard / Andia 104;
Frank Bienewald 16tc; Todd Bigelow 79; David Burton 12cr; Roger Cracknell 01 / classic 54t; David Collingwood 22b; Alexander Cook 74; Danita Delimont 46–47b; Design Pics Inc / Michael Thornton / Travel RM 37clb; Adam Eastland 30, 63b; escapetheofficejob 83; © Fine Art Images / Heritage Images 65t; Kevin George 117; Jeremy Graham 77t; Tim Graham 116; Dennis Hallinan 23; Rik Hamilton 87b; Jacques Pierre / Hemis.fr 33b, 95; Mattes Rene / Hemis.fr 48, 51crb; Montico Lionel / Hemis.fr 92; Marc Hill 103; Peter Horree 98t; IanDagnall Computing 9cr; Image Professionals GmbH / LOOK–foto 15crb; Image Professionals GmbH / Martin Skultety 77b; imageBROKER / F. Schneider 134; imageBROKER.com GmbH & Co. KG / rank Bienewald 80; imageBROKER.com GmbH & Co. KG / Robert Seitz 19; INTERFOTO / History 8; Lars Johansson 70–71b; David Keith Jones 15clb; John Kellerman 64, 87t; Joana Kruse 113b; Paul Lindsay 113t; David Lyons 35tc; 114t; Dennis MacDonald 22t; Mark Bolton Photography 93; mauritius images GmbH / Marco Simoni 82; MB_Photo 62; MiraMira 16cla; Odyssey–Images 53; Old Books Images 10tl; Simone Paperetti 68; PhotoBliss 110; Massimo Pizzotti 27t; Realy Easy Star / Roberto Carnevali 97; RealyEasyStar / Claudio Pagliarani 109t; Dirk Renckhoff 135; Robertharding / Frank Fell 67t; robertharding / ProCip 102; Scenics & Science 15br; David South 29b; The Art Archive / Collection Dagli Orti 41; The Picture Art Collection 10cl; Sebastiano Toma 78; Steve Tulley 76; Howard Walker 10bl; Joshua Windsor 129; Wiskerke 35cla; Philip Wolmuth 11b; World Archive 81.

AWL Images: Michele Falzone 5, 32–33t; Francesco Iacobelli 13cla, 125t; Tom Mackie 131; Leonardo Papera 70t.

Bridgeman Images: Alinari Archives–Alinari Archive; Florence; Italy 11t.

Depositphotos Inc: marzolino 9cra.

Dorling Kindersley: Dan Bannister 107b.

Dreamstime.com: Frank Bach 51br; Sergio Torres Baus 14; Bennymarty 128; Roberto Caucino 73t; Cividin 65b; Claudio Giovanni Colombo 36; Crisfotolux 16crb; Danflcreativo 13clb; Donyanedomam 75b; Sergey Dzyuba 107t; E55evu 38; Eddygaleotti 13bl; Emicristea 55; Giuseppemasci 29t; Javarman 43b; Engin Korkmaz 12crb; Vladimir Korostyshevskiy 54b; Luca Lorenzelli 96; Lorenza Marzocchi 114–115b; Mineria6 35tr; Miv123 88b; MNStudio 133;

Martin Molcan 66-67b; Elena Odareeva 47t; Olegmit 35cra; Anna Pakutina 58t; Peewam 121; Giorgio Rossi 15t; Stevanzz 21cra; Stuwilson65 12cra; Nicoleta Raluca Tudor 125b; Venemama 69; Vividaphoto 28; Xbrchx 9br; Zummolo2014 49b.

Getty Images: Bettmann 9tl; Bildagentur-online / Universal Images Group 126–127; Corbis Documentary / Atlantide Phototravel 42–43t; Corbis Documentary / Maremagnum 61t; VCG Wilson / Fine Art / Corbis 24, 44; De Agostini / DEA / G. Nimatallah 31; De Agostini / DEA / S. Vannini 51bl; De Agostini Picture Library / De Agostini 32clb; De Agostini Picture Library / Deagostini 61b; DEA / A. Dagli Orti / De Agostini 10br; DEA / S. Vannini / De Agostini 63t; Hulton Fine Art Collection / Mondadori Portfolio / Sergio Anelli / Electa 40; Leemage / Corbis 45; Moment / Nick Brundle Photography 34; Moment / Peter Zelei Images 1/, 101; Photodisc / Guido Cozzi / Atlantide Phototravel 108–109b; The Image Bank Unreleased / Atlantide Phototravel 98b, 137; The Image Bank Unreleased / Richard I'Anson 105.

Getty Images / iStock: adisa 88–89t; E+ / benedek 39; E+ / Fani Kurti 119t; E+ / SimonSkafar 57, 132; E+ / zorazhuang 26; Eileen_10 25; Paolo Gagliardi 72t; Fani Kurti 50; Ossiridian 120; Photo Beto 85; TT 6–7.

La Botteghina: Giovanni Todesca 91.

Ristorante Enoteca "Del Duca: 123.

Shutterstock.com: Simona Bottone 21br; 111; Jon Chica 12br; Diego VM 13tl; Nejdet Duzen 59; Flysome 20cl; LucaOnAdventure 1; Federico Magonio 51cb; Rasto SK 16ca; seankellypix 122.

Cubierta:

Delantera y lomo: **Dreamstime.com:** Artem Evdokimov; *Trasera:* **Alamy Stock Photo:** Danita Delimont cl; escapetheofficejob tr; Jacques Pierre / Hemis.fr tl.

Mapa desplegable:

Dreamstime.com: Artem Evdokimov.

Penguin
Random
House

De la edición en español
Servicios editoriales Moonbook
Traducción DK
Coordinación editorial Cristina Gómez de las Cortinas
Dirección editorial Elsa Vicente

Impreso y encuadernado en China

Publicado originalmente en
Gran Bretaña en 2002
por Dorling Kindersley Limited,
DK, 20 Vauxhall Bridge Road,
London, SW1V 2SA, UK

Copyright © 2002, 2025 Dorling
Kindersley Limited
Parte de Penguin Random House

Título original DK Top 10 Florence & Tuscany
Undécima edición, 2025

ISBN: 978-0-241-78900-1